금강경
핵심강의

無一 우학 편저

도서출판 좋은인연

• 금강경 핵심 강의를 내면서 •

　세상에 있는 수많은 책들 가운데에서 우리 인생(人生)교
과서로 삼을 만한 책이 있다면 금강경이라고 말하고 싶다.
　나는 세상의 복잡한 문제들을 한꺼번에 경험하던 20대 초
반의 젊은 시절에 우연히 금강경과 인연을 맺게 되었다. 수
억겁 잠든 영혼을 뒤흔드는 광활한 진리(眞理)의 말씀에 나
는 우주 허공의 세계와 하나되는 충격을 받고 잠을 이룰 수
가 없었다. 그 후 나는 많은 논서(論書)를 통해 금강경의 세
계를 확립하려고 정진하였다.
　현재 우리가 접하고 있는 금강경은 "구마라습"이라는 인
도 스님이 산스크리트어(인도 고유 고급어)를 한문으로 번역
한 책이다. 전부 5천여 자(字)로 이루어져 있으며 불교사상
의 핵심인 '반야(般若)를 통한 공(空)의 세계'를 극명하게 드
러내고 있다. '공'이란 말을 한마디도 쓰지 않으면서 전개되
는 공의 이론은 대단히 논리적(論理的)이다. 불교에 있어서
반야와 공은 불가분의 관계인데, '반야'란 우주 실상(實相)의
모습을 있는 그대로 관조(觀照)하는 능력이라고 볼 수 있으

며, '공'이란 모든 세상이 시간적 공간적으로 모두 연기(緣
起)되어져 있으면서 개체 스스로는 실체(實體)가 없다는 세
상의 질서를 나타낸 말이라고 볼 수 있다.

그러면, 이 반야, 공은 궁극적으로 무엇을 우리들에게 가
르치는가? 바로 '무집착(無執着)의 자비행(慈悲行)'이다. 금
강경을 자칫 잘못 보면 염세주의, 허무주의의 소승경전이라
고 착각한다. 우리들은 이 경을 접하면서 늘 이 점을 경계하
지 않으면 안된다.

금강경은 대승경전이다. 자기욕심, 자기한계로부터의 탈출
을 대자유(大自由)라고 한다. 이것이 무집착이며 무심(無心)
인 것이다. 금강경은 시종일관 이 대자유를 노래하고 있다.
요즘 많은 사회범죄, 노이로제 등 정신질환 등이 맹목적인
자기 집착에서 비롯된 것임을 생각하면 이 금강경은 현대를
살아가는 우리 모두에게 얼마나 중요한 경전인가 새삼 느낄
수 있을 것이다.

자기 집착을 떠난 대자유는 저절로 자비행(慈悲行)이 될
수 밖에 없다. 대자유는 모든 시간, 공간 속에 자기 자신을
한꺼번에 던져 넣는 일이기 때문이다. 즉, 부처님과 하나가
되고, 신과 하나가 되고, 모든 사람과 하나가 되고, 모든 자

연과 하나가 되는 일이기 때문이다.

이 금강경은 불교 교단의 수행 방향 설정에 있어서도 단연 독보적 위치를 점하고 있다. 불교의 종단들은 제각기 소의경전(所依經典) 즉, 주로 의지할 바 경전을 채택하고 있는데 현재 우리나라에서는 조계종을 비롯 많은 종단에서 이 금강경을 소의경전으로 채택하고 있다. 그러므로, 종단의 흐름은 다분히 금강경적 분위기로 흐를 수 밖에 없으며, 선종(禪宗)의 빛깔을 나타낼 수 밖에 없다.

불교의 핵심은 반야인데 이 금강경은 반야의 획득을 강조하고 있다. 반야의 획득으로는 선수행이 적합하다고 여겨졌기 때문에 금강경과 조계종같은 선종과는 밀접한 관계가 될 수 밖에 없다.

선종의 유명한 육조(六祖) 혜능(慧能)스님은 금강경의 한 구절에서 발심하여 그의 스승 홍인대사(弘忍大師)로부터 금강경 수업을 받기도 하였다.

우리들은 이 금강경을 통해서 대자유의 세계, 깨달음의 세계를 만끽하리라고 본다. 그러므로, 금강경은 인생교과서이다.

불기 2542년 10월 無一우학 합장

• 글 싣 는 순 서 •

金剛經 略纂偈
(금강경 약찬게)

· 金剛經 略纂偈 ·
(금강경 약찬게)

우학지음

제 1 장

≪합 창≫

그먼옛날	선혜보살	발심하시어
진흙탕에	머리풀어	수기받았네
착한행자	스승되어	여기계시니
일체곳이	모두함께	부처님도량
아승지겁	모든시간	부처님세월
오색구름	맑은바람	시공을넘어
사위국의	기원정사	천이백대중
그가운데	수보리가	해공에으뜸
가을장천	외기러기	짝을찾는데
저산너머	연기나니	불이있구나

제 2 장

≪수 보 리≫

거룩하고	거룩하온	세존이시여
저희들을	어디서나	보살피시고
그모든것	많은일을	맡기시나니
일심정례	무릎꿇고	여쭈옵니다
발심하온	착한보살	깨달음의길
어 떻 게	생활하며	마음쓰리까

≪부처님, 수보리≫

위 없 는	그좋은길	발심한보살
아뇩다라	삼먁삼보리	깨달음세계
대 자 유	영원한삶	찾아가노라
하늘의신	땅의사람	선재선재라
좋은인연	우리모두	함께갑니다
금강도량	진리의고향	온누리광명

제 3 장

≪부처님≫

착한보살	많은중생	멸 도 케	하는데도
인도받은	이웃들이	없는까닭	무엇이냐

≪합 창≫

아상인상　중 생 상　수자상이　없기때문
보살들은　마음속에　장애됨이　없습니다

≪부처님≫

4상없으니　온갖생명　그대 보살들의 것
보시한다　생각없이　보시 행하라

≪합 창≫

오!부처님　텅빈마음　무주상 무주상보시
비단결에　만다라화　꽃수놓여 집니다

≪부처님≫

선 남 자　선여인아　생각들 어떠하냐
겉모양으로　여래진실　알 수 있겠느냐

≪합 창≫

아닙니다　하늘가운데　하늘이신 세존이시여
겉모양은　집착할바　전혀 못되옵니다

제 4 장

≪합 창≫

만 법 은　그모두가　하나이거니
집착욕망　근심망상　놓아버리세
생각속에　헛된분별　짓지않고서

머무는바	하나없이	진실한마음
천 강 에	물있으니	천개의달이
만 리 에	구름없어	만리가하늘
마 음 을	장엄함이	최상의장엄
허공세계	한티끌도	거리낌없네
사향노루	바람앞에	서지않아도
그향내음	온산천에	두루퍼지리

제 5 장

≪합 창≫

눈을뜨세	눈을뜨세	꿈 인 가	그림자인가
소리모양	속지말고	참 마 음	지켜나가세
참마음은	본 래 로	먼지않고	때묻지않아
조개속의	진주구슬	온우주를	머금었네

≪부처님≫

사람들아	과거의 마음도	미래의 마음도	
얻을수가	없다네 그리고	현재의 마음도	
산 색 은	저절로 푸르고	강물은 유유히	
흐르나니	돌사자 하품하며	바다위 걸어가리	

≪합 창≫

한 마 음	청정하여	부처님되고
한 마 음	어두워서	중생되었네

세 상 은　　　본 래 로　　　밝고밝아서
땅 에 서　　　넘어진자　　　땅을짚고 일어서라

제 6 장

≪합　창≫

금구성언　　　참된말씀　　　실다운말씀
설하오신　　　모든진언　　　허공에가득
삿된사람　　　좋은말도　　　삿된법되고
바른사람　　　무슨말도　　　정법이되네
부 처 님　　　설함없이　　　설법하시니
착한보살　　　들음없이　　　모두듣나니
보 리 심　　　일으켜서　　　열반의언덕
정진하세　　　정진하세　　　반야바라밀
간바없이　　　온바없이　　　실상의자리
흰구름은　　　높은산에　　　걸림없구나

제 7 장

≪부처님, 수보리, 대중합창≫

자 비 의　　　노를저어　　　세상사람　　　벗이되세
마 음 이　　　활달하니　　　온법계가　　　정토세계
입을열어　　　금강말씀　　　곳곳마다　　　보리도량
계 곡 의　　　물소리는　　　부처님의　　　음성이요

저자거리   군밤장수   부처님의   상호로다
보이는이   문수보살   만나는이   보현보살
온 우 주   살림살이   꽃 피 는   봄동산이라
부처님을   이고지고   멋 지 게   살아보세
아뇩다라   삼먁삼보리
아뇩다라   삼먁삼보리
아뇩다라   삼먁삼보리

金剛般若波羅蜜經
(금강반야바라밀경)

金剛般若波羅蜜經(금강반야바라밀경)

금강의 지혜로 부처님 세계에 이르는 경

· 본 문 ·

1

한 문

金剛般若波羅蜜經
금 강 반 야 바 라 밀 경

해 설

(1) 금강(金剛)

능단금강(能斷金剛)이라고 한다. 능히 모든 쇠를 이기는 쇠 중의 쇠가 금강이요, 세상의 모든 것을 끊을 수 있는 쇠가 금강이다.

한편, 금강은 다이아몬드로써 보석 중의 보석이기도 하다. 즉, 이 금강경은 모든 집착을 끊어내는 경 중의 경임을 이 첫마디에서 느낄 수 있다.

金 : 쇠 금   剛 : 굳셀 강   般 : 일반 반   若 : 같을 약, 반야 야
波 : 물결 파   羅 : 벌릴 라   蜜 : 꿀 밀   經 : 글 경, 진리 경

(2) 반야(般若)

슬기, 지혜를 말한다. 따라서 반야는 근본 마음이라 할 수 있으며, 근본 마음은 바로 청정심, 모든 공덕을 성취하는 마음이다. 지혜있는 자는 부처님이요, 지혜없는 자는 어둠 속에서 헤매이는 중생이다.

(3) 바라밀(波羅蜜)

저 언덕을 '바라', 도착함을 '밀다'라 한다. 즉, 바라밀은 바라밀다의 준말로써 전체 의미로는 '저 언덕에 도착한다'의 뜻이다. 여기서 저 언덕은 부처님(佛)세계를 말한다. 한문으로는 피안(彼岸)이라 한다.

밀다는 이르름, 도(到)라고 번역된다. 따라서 바라밀다는 한문으로 도피안이 된다. 우리말로는 '부처님 세계에 들어간다', '완성의 경지를 성취한다'이다.

여기서 반야, 바라밀은 모두 인도 고유 고급어 즉 범어(산스크리트)이다.

(4) 경(經)

길, 진리이다. 경에는 크고 밝은 생사의 길을 넘는 무량공덕의 낙이 다 들어 있다. 즉, 금강반야바라밀경이란 금강 같은 견고한 지혜, 금강 같은 보석의 아름다운 지혜로 부처님 세계에 나아가는 진리의 길을 밝히는 부처님 말씀이다.

강 론

반야부 계통 경전은 대승불교가 막 일어나던 시기에 읽혀

졌으며, 부처님의 49년 차제설법(次第說法)으로 보아 가장 긴 시간, 완숙된 단계에서 설해진 경전이다. 이 금강경은 반야부 경전 600부 중 제 577부에 해당하는 경이다. 금강경의 원제목은 '금강반야바라밀경' 또는 '능단 금강반야바라밀경'이며 범어로는 vajracchedika-prajna-paramita-sutra이다.

이 금강경은 인도스님인 구마라습에 의해 처음 한역된 후에 동양 삼국에서 가장 많이 독송되는 경 중의 하나이다.

모든 종파를 초월해서 읽혀지고 신봉되었으며 특히 육조 혜능스님 이후 금강경은 선종(禪宗)의 소의경전(所依經典)으로 모셔져 왔다. 그리고, 현재 조계종의 소의경전이다. 육조단경에서는 "금강반야바라밀경 한 권을 지니면 곧 견성하여 반야삼매에 들게 되느니라"라고 까지 하였다.

금강경은 옛날부터 수천, 수만명의 사람들이 주석서, 참고서를 내어 놓았는데 우리나라에서도 원효스님을 비롯, 많은 고승들이 계신다.

그 중에서 현재 강원에서 주교재로 사용하는 '금강경오가해설의'의 저자인 함허스님이 가장 많이 알려져 있다.

이 금강경은 교학적 측면에서 중요한 것은 말할 것도 없지만 신앙적인 면에서도 많은 비중을 차지하고 있으며, 숱한 불자들이 고금을 막론하고 금강경을 수지, 독송, 사경하고 있다. 특히 영가 천도에서 가장 주요한 경전으로 신앙되고 있다. 이런 이유들에 대해서는 본문 속에서 차츰 밝혀지게 될 것이다.

금강경의 기도, 독송 공덕에는 수많은 영험담이 있으며 국

가가 어려울 때는 이 금강경을 통해 부처님의 힘을 받아 국
난을 타개하려 했던 흔적이 많이 남아 있다. 즉, '고려사' 등
에서 당시 국가의 어려움을 이기기 위한 불교 행사로써 '금
강경도량' 등을 수십 차례에 걸쳐 개설, 강의했다고 전한다.
아무튼 금강경은 수행의 교과서로써 뿐만 아니라, 교학적·
신앙적 측면에서 그 어느 경전보다 가장 많이 유통되고 있
다. 그래서 경 중의 경이라 해도 과언이 아니다.

金剛般若波羅蜜經 - 上
(금강반야바라밀경 - 상)

法會因由分 第一
(법회인유분 제일)

法會因由(법회인유)

법회가 이루어진 원인과 이유를 밝히고 있는 단원의 이름이다. 이 금강경은 모두 32분으로 되어 있는데 크게는 상, 하 2권으로 되어 있다. 소명태자(昭明太子)가 금강경의 문단을 32분으로 나누었다. 무착(無着)스님은 27단으로 나누고 있다.

• 본 문 •

1

한 문

如是我聞하사오니 一時에 佛이 在舍衛國 祇樹給孤
여시아문   일시   불   재사위국 기수급고

獨園하사 與大比丘衆千二百五十人과 俱러시니
독 원   여대비구중천이백오십인 구

한 글

다음과 같이 제가 들었습니다. 어느 때에 부처님께서 사위

法 : 법 법	會 : 모을 회	因 : 인할 인	由 : 말미암을 유	分 : 나눌 분
如 : 같을 여	是 : 이 시	我 : 나 아	聞 : 들을 문	第 : 차례 제
一 : 한 일	時 : 때 시	佛 : 부처 불	在 : 있을 재	舍 : 집 사
衛 : 모실 위	國 : 나라 국	祇 : 클 기	樹 : 심을 수	給 : 줄 급
孤 : 외로울 고	獨 : 홀로 독	園 : 동산 원	與 : 더불 여	大 : 큰 대
比 : 견줄 비	丘 : 언덕 구	衆 : 무리 중	千 : 일천 천	二 : 둘 이
百 : 일백 백	五 : 다섯 오	十 : 열 십	人 : 사람 인	俱 : 함께 구

국의 기수급고독원에 계실 적에 큰 비구스님들 천이백오십
분도 함께 계셨습니다.

해 설

(1) 여시아문(如是我聞)

'이와 같이 제가 들었사오니'

부처님이 입멸하신 후 부처님을 오래 시봉하고 기억력이
남달랐던 아난이 자기의 얘기가 아니라 부처님의 말씀임을
특별히 밝히고 있는 대목이다. 경을 결집(편찬작업)할 때 아
난이 외우면 대중이 증명하고 다시 합송하는 형식을 취했다.
모든 경은 '여시아문'으로 시작되는데 '아'는 아난을 말한다.

이와 같이(如是)는 금강경 내용을 말하기도 하고 진리당
체를 말하기도 한다.

(2) 일시(一時)

'어느 때에'

한때 즉, 어느 때란 부처님께서 금강경을 말씀하시던 때를
말하는데 구체적으로 언제인지를 밝히지 않는 이유는 중생
각자 마다 받아들이는 시간의 개념이 다르고 무량국토의 시
간개념이 다르기 때문이다. 즉, 부처님의 말씀은 그때 대중
만을 위해 설한 것이 아니라, 시공을 초월하여 모든 국토,
모든 시간에 미치고 있다. 사왕천(四王天)의 하루는 인간의
오십년이요, 도리천의 하루는 인간의 백년이다.

(3) 불(佛)

'부처님께서'

석가모니 부처님을 말한다.

불은 불타(佛陀)의 준말이며 붓다가 그 원음이다.

(4) 재 사위국 기수급고독원(在 舍衛國 祇樹給孤獨園)

'사위국의 기수급고독원에 계실 적에'

재란 계심을 말하고, 사위국(Sravasti)은 코살라(Koshala)국의 수도를 말한다.

굳이 국(國)을 붙인 것은 또 다른 코살라국이 있었으므로 혼돈을 피하기 위해, 이 나라는 수도에 국을 붙여 나라 이름 겸 사용하였다.

기수급고독원은 절 이름인데 생략해서 기원정사(精舍)라 한다. 기수(祇樹)는 기타(jeta)태자가 시주한 숲이란 뜻이요, 급고독원은 급고독이란 사람이 시주한 절이란 뜻이다. 급고독은 부호였으므로 급고독장자라 하였다. 원이름은 수달다(須達多＝sudatta)였으나 불쌍한 이에게 주기를 잘해서 급고독(給孤獨)의 별명을 얻었다. 원(園)은 중원(衆園)의 약자로 절을 의미하며 승가람(僧伽藍, samghrama)의 번역말이다.

즉, 기수급고독원이란 기타태자가 시주한 숲과 급고독장자가 시주한 절을 합해서 부르는 이름이다.

(5) 여대비구중천이백오십인(與大比丘衆千二百五十人)

'큰 비구스님들 천 이백 오십 분과 함께 계셨습니다.'

여란 더불어의 뜻이다.

대란 덕이 높음을 나타낸다.

비구란 범어인데 비구계를 받은 남스님을 말한다. 비구에는 3가지 뜻이 포함되어 있다.

첫째는 마구니를 겁나게 하는 이(怖魔),

둘째는 법을 나누어 주고 물질적인 것을 받는 이(乞士),

셋째는 바른 생활을 하는 이(淨戒)

중은 무리라는 뜻이다. 이 중은 화합의 의미도 다분히 있다. 스님을 중이라 하면 화합하는 무리라는 뜻으로 한문 그대로 해석하는 수도 있다. 우리말로 중이라 하면 지웅(知雄), 자웅(慈雄)을 줄인 음이라고 보는 학자도 있다.

천이백오십인은 당시 부처님의 일반 제자를 말한다. 녹야원에서 처음 입문한 다섯 제자, 가섭 3형제 등 천명 제자, 사리불, 목련 등 이백 제자, 야사 등 오십 제자를 합한 수이다. 1,255인이지만 대충 1,250인이라고 한 것이다.

강 론

이상 법회인유분 중 여기까지를 증신서(證信序)라 한다. 아난 존자의 증명으로 믿음을 내게하는 글이란 뜻이다. 모든 경전은 증신서가 있게 되는데 증신서는 대체로 6가지 조건이 갖추어진다. 즉 6가지 조건이 있으면 경전에 대한 믿음과 확신이 서게 되는 것이다. 이를 6성취(六成就)라 한다.

신(信) - 틀림없다의 믿음 - 여시아문

문(聞) - 들은 사실 - 들었다

시(時) - 들은 때 - 어느때(시기)
주(主) - 말씀의 주인 - 부처님
처(處) - 장소 - 기수급고독원
대중(衆) - 청중 - 천이백오십 사람
이 6성취는 6하원칙과도 같은 내용으로 불교 교리의 치밀
성, 합리성을 처음부터 잘 드러내고 있는 증거이다.

게 송

花發看朝艶이요
林凋逐晚霜이로다

꽃이 피매 아침 고움을 봄이요
수풀 마르매 늦서리 뒤쫓음이로다

- 冶 父 -

2

한 문

爾時에 世尊이 食時에 着衣持鉢하시고 入舍衛大
이 시   세 존   식 시   착 의 지 발   입 사 위 대
城하사 乞食하실새 於其城中에 次第乞已하시고 還至
성   걸 식   어 기 성 중   차 제 걸 이   환 지
本處하사 飯食訖하시고 收衣鉢하시고 洗足已하시고
본 처   반 사 흘   수 의 발   세 족 이
敷座而坐러시다
부 좌 이 좌

한 글

여느 때와 같이 부처님께서는 공양드실 때가 되어감에 따라 가사를 수하시고 바루를 들으시고 사위성으로 들어가시어 탁발하셨습니다. 그 성안에서 차례로 탁발하시고는 다시 본 처소로 돌아오셨습니다. 공양을 다 드시고 바루를 거두시고 가사를 벗으시었습니다. 그리고 발을 씻고 자리를 펴 앉으셨습니다.

해 설

(1) 이시(爾時)

'그 때에'

여기서 때라고 했을 경우 특별한 의미가 있지 않다. 어떤 사람들은 부처님과 대중이 한자리에 모인 때를 말하나 이는 맞지 않다. 왜냐하면 너무 넓은 모호한 시간 개념을 제시하고 있기 때문이다. 또 어떤 이는 공양하실 사시를 말한다 하나 이는 전혀 맞지 않다. 꼭 말한다면 막 탁발을 하시기 위해 가사를 수하시려고 하는 당시를 묘사할 뿐이다. 산스크리트 원문에 아예 '그때'라는 말이 없는 것을 보면 지금까지 고전적 해석들이 잘못되고 있음을 알 수 있다.

爾:그 이	世:인간 세	尊:높을 존	食 밥먹을 사	衣:옷 의
持:가질 지	鉢:바릿대 발	城:잿 성	乞 빌 걸	於:어조사 어
其:그 기	中:가운데 중	次:버금 차	第:차례 제	已:이미 이
還:돌아올 환	至:이를 지	本:근본 본	處:곳 처	飯:밥 반
訖:이를 흘	收:거둘 수	洗:씻을 세	足:흡족할 족	
敷:베풀 부, 펼 부	座:자리 좌		而:말미암을 이	坐:앉을 좌

(2) 세존(世尊)이

'부처님께서'

부처님의 10호(號) 즉, 여래, 응공, 정변지, 명행족, 선서, 세간해, 무상사, 조어장부, 천인사, 불세존 가운데 하나이다. 세존이란 세상에서 가장 존경받는 분이라는 뜻이다.

(3) 식시(食時)에

'공양 드실 때가 되어감에'

부처님의 공양시간은 사시(巳時)이다. 사시는 9시에서 11시에 해당하는 시간이다. 사시에 공양을 하실려면 진시(辰時;7-9시)에 탁발을 하셔야 된다. 결국 식시는 진시가 됨이 옳다(6조스님).

진시의 탁발은 하루 한 번 공양을 드시는 부처님의 일종식(一種食)시간에도 좋을 뿐 아니라, 공양을 올리는 시주자의 시간에도 잘 맞다.

사시공양의 풍습은 지금도 지켜지고 있다.

(4) 착의지발(着衣持鉢)

'가사를 수하시고 바루를 드시고'

옷은 가사를 말하는데 요즘 흔히 두 종류가 있다. 오조가사와 대가사가 그것인데 오조가사는 주로 사무용, 가벼운 의식용이며 대가사는 예불 등의 정식법회에 쓰여지는 원칙적인 가사이다. 요즘은 오조가사와 대가사의 중간격인 반가사가 많다. 가사는 원래 분소의라 하여 아주 못쓰게 된 천조각

을 모아 옷의 대용으로 사용했으나 중국 쪽으로 불교가 전승
되면서 일기 관계로 승복은 따로 입고 그 위에 가사를 걸치
게 되었다. 어떤 이들은 가사가 원래의 의미를 잃었다고 개
탄하고 있으나 이는 좀 잘못된 생각인 것 같다. 우리의 기후
조건은 인도의 그것과는 확연히 달라서 다른 옷을 입지 않을
수 없기 때문이다. 한편 가사의 본래 의미를 살린다 해서 승
복은 멀쩡히 입고 그 위에 시체를 말았던 옷조각을 기워 다
닌다면 어떻게 되겠는가? 그냥 가사를 입고 있는 순간부터
마음 자세는 달라지는 것이다. 불교는 변화하지 않는 것을
용납치 않는다.

　바루는 수행용 밥그릇이다. 한자로는 응량기(應量器)라 한
다. 수행의 양에 비추어 공양받을 자격이 있는가를 수시로
질책하는 법구(法俱)이다. 바루는 그 재료가 다양하다. 철,
돌, 플라스틱 등이 있으나 나무는 외도들의 그릇이라 하여
꺼린다. 율에 그 근거가 있는데 생명을 죽여 자기 밥그릇을
만드는 것이 과연 옳은가하고 생각해 보면 일리가 있다. 바
루와 가사를 의발이라하여 부처님의 법만큼이나 중요하게
생각해오고 있다. 의발은 요즘도 스승이 상좌에게 주는 첫
선물이며 가장 큰 선물처럼 되어 있다. 모든 스님들의 걸망
속에는 반드시 바루와 가사가 들어 있다.

(5) 입사위대성(入舍衛大城)하사 걸식(乞食) 하실새
'사위성으로 들어가시어 탁발하셨습니다.'
　사위성은 코살라국의 수도이며 걸식은 요즘의 탁발의 의
미가 된다. 탁발은 직접 거리로 나가 일정한 행의작법(行義

作法)에 따라 공양 받는 일을 말한다. 즉, 탁발은 중생들에게 이익을 주고 신심을 일으킬지언정 세인의 빈축을 사서는 안된다. 탁발에는 3가지 여법한 자세가 있어야 한다. 만일 그렇지 않으면 신도가 시주할 필요가 없다.

첫째, 몸과 마음을 바르게 가져 바른 생활(正戒)에 머무르고(住正命) 둘째, 음식 받음이 자타가 모두 부처님 세계에 들기 위함인 줄 알며(住正覺) 셋째, 용모를 단정히 하며 위의를 점잖게 하여 모든 이로 하여금 환희심이 나게 해야 한다(住正威儀).

(6) 어기성중(於其城中)에 차제걸이(次第乞已)하시고
'그 성안에서 차례로 탁발을 하시고는'

차례로 탁발을 하셨다고 함은 가난한 집이나 부잣집이나 차별없이 순서대로 일곱 집만 공양을 받으셨다는 말이다. 부처님 제자 가운데 남이 하기 힘든 일을 잘 했다는 가섭존자는 일부러 가난한 집을 찾아 복지을 인연을 심어 주었고 아난존자는 가난한 집에 부담을 주지 않기 위해 부잣집만 골라 탁발하였는데 부처님은 이 둘을 모두 꾸짖었다. 부처님은 빈부를 가리지 않고 탁발하셨는데 꼭 일곱 집만 하라는 계율을 몸소 실천하셨다. 일곱 집만 탁발하는 일을 칠가식(七家食)이라 한다. 꼭 일곱 집이었던 이유는 잘 나타나 있지 않으나 바루 한 개로 공양하던 옛 풍습을 생각컨대 일곱 집 정도면 한 번 드실 공양의 양이 되어 한 바루가 되었으리라 본다. 칠은 불교와 깊은 인연이 있다. 싯다르타 태자가 탄생 직후 일곱걸음 걸으셨다는 이야기, 칠공덕수, 칠보 등의 칠이 많이 나온다. 칠은 온 우주만물 전체이며 윤회의 6가지 길 그 넘어 존재하는 광명의 세계이다. 스님들에게, 탁발은 또한 겸손함을 배우게 하고 용기를 기르게 하며 탐욕의 불길을 잠 재운다.

(7) 환지본처(還至本處)하사 반사흘(飯食訖)하시고 수의발(收衣鉢)하시고

'다시 본 처소로 돌아 오셨습니다. 공양을 다 드시고 바루 를 거두시고 가사를 벗으시었습니다.'

본 처소는 여기서는 기원정사이다. 밥 식(食)은 사로 발음 해야 한다(먹이 사). 반(飯)은 문법상 동사이다. 법신의 부 처님은 원래 식사라는 것이 없고 응신, 화신의 부처님도 역 시 그렇지만 사람과 하늘의 복을 증장시키기 위해 자비로써 애써 복전을 만드신다.

(8) 세족이(洗足已) 하시고 부좌이좌(敷座而坐)러시다

'그리고 발을 씻고 자리를 펴 앉으셨습니다.'

발을 씻으심은 신업(身業)을 청정히 한다는 의미이다. 당 시 부처님과 그의 제자들은 맨발로 다니셨기 때문에 발을 씻 는 일은 일상생활이라고 볼 수 있다. 부처님은 법신이 청정 하여 발을 씻고 말 것이 없으나 스스로 모범을 보이신다. 자 리를 펴 앉으셨다 함은 길상초(吉祥草) 위에 가부좌를 틀고 단정히 앉으셨다는 말이다.

강 론

이상 법회인유분 제일은 법회가 이루어지는 분위기를 서술하고 있다. 부처님께서 자리에 막 앉으신 것이 이 경의 근원이 됨은 이 반야경의 주된 말씀이 혜(慧)를 현발시키고 있기 때문이다. 법회인유분의 내용은 극히 일상적이고 평범한 부처님의 활동 모습이지만 이는 우리들에게 대단한 의미를 던져주고 있다. 진리는 멀리 있는 것이 아니라 우리들의 일반 행위 속에 있다는 것이다. 평상심시도(平常心是道)란 말이 있다. 갑자기 무엇이 이루어지리라는 생각은 불가(佛家)에서는 금물이다. 그리고 부처님은 대중과 함께 사셨다는 사실이다. 시봉을 받으면서 저자거리로 나서지 않아도 한 끼의 공양 정도는 해결하실 수 있었을 텐데 부처님은 그렇게 하심으로 숱한 사람을 만나 그들의 벗이 되었다. 부처님은 중생이 있기 때문에 존재하는 말이다. 부처님은 진리 광명으로 복없는 자에겐 복의 인연을, 복있는 자에겐 복을 지킬 인연을 주신다. 광명은 살아 있는 모든 곳을 찾아 나선다. 여기 제 1분이야말로 금강경의 모든 말씀을 한꺼번에 소나기처럼 퍼붓고 있는 멋진 서막이다.

게 송

看看平地波濤起니라
知不知아

보고 보라 평지에 파도가 일어나니라
알겠는가 모르겠는가?

           - 冶 父 -

法法本來法
無法亦非法
何於一法中
有法有不法

법이라 하는 그 법은 본래의 법이니
법이 없다고 하여도 그 또한 법이 아니로세
어찌하여 저 한 법 가운데
법과 법 아님이 있을까보냐

        - 摩訶迦葉尊子 -

本來付有法
付了言無法
各各須自悟
悟了無無法

본래 있는 법을 부촉하였으나
부촉하여 줌에는 법 없음이라 말하네
제각각 한 번 크게 깨닫는다면
없다는 그 법마저 깨달아 마치리

        - 阿難尊子 -

善現起請分 第二
(선현기청분 제이)

善現起請(선현기청)

제 2분은 수보리가 의심나는 문제를 하나하나 들어서(起) 부처님께 여쭈어 그 가르침을 청(請)한 대목이다. 선현(善現)이란 수보리(須菩提, subhuti)를 말한다. 수보리는 십대제자 가운데 모든 법이 공(空)함을 깨달은 첫째 가는 제자이다. 금강경은 공의 원리와 그 실천을 가르치고 있는 경이므로 수보리가 등장한 것이다.

• 본 문 •

1

한 문

時_에 長老_인 須菩提_가 在大衆中_{이라가} 卽從座起_{하사}
시   장로 수보리 재대중중   즉종좌기

偏袒右肩_{하고} 右膝着地_{하여} 合掌恭敬_{하사} 而白佛
편단우견   우슬착지   합장공경   이백불

言_{하사되} 希有世尊_하 如來_{께서} 善護念諸菩薩_{하시며}
언   희유세존   여래   선호념제보살

善付囑諸菩薩_{하시나이다.}
선부촉제보살

善 : 착할 선	現 : 나타날 현	起 : 일어날 기	請 : 청할 청	長 : 길 장
老 : 늙을 로	須 : 잠깐 수	菩 : 보살 보	提 : 들 제	卽 : 곧 즉
從 : 쫓을 종	偏 : 치우칠 편	祖 : 조상 조	右 : 오른 우	肩 : 어깨 견
膝 : 무릎 슬	着 : 부딪칠 착	地 : 땅 지	合 : 합할 합	掌 : 손바닥 장
恭 : 공손할 공	敬 : 존경할 경	白 : 아뢸 백	言 : 말씀 언	希 : 드물 희
有 : 있을 유	來 : 올 래	護 : 보호할 호	念 : 생각 념	諸 : 모두 제
薩 : 보살 살	付 : 줄 부	囑 : 부탁할 촉		

한 글

이 때 장로인 수보리가 대중 가운데 있다가 자리에서 일어나 바른편 어깨쪽 가사를 벗고 바른편 무릎을 땅에 꿇으며 합장하고 공경스럽게 부처님께 말씀드렸다.

"거룩하십니다. 세존이시여, 부처님은 보살들을 잘 생각하여 보호해 주시며, 보살들에게 잘 부탁하여 맡기십니다."

해 설

(1) 시(時)에~재대중중(在大衆中)이라가
'이 때 장로인 수보리가 대중 가운데 있다가'

이 때라 함은 부처님이 자리에 앉으신 때를 말한다. 장로란 대중 가운데 연세가 많고 덕망이 높은 대표격 어른을 말한다. 교회에서 장로라는 말을 쓰기 때문에 원래 우리의 용어였던 장로를 오히려 어색해 하는 형편이 되었다. 참으로 안타깝다. 수보리 존자는 급고독장자의 조카로 해공(解空)제일이며, 10대 제자 중의 일인이다.

(2) 즉종좌기(卽從座起)하사~이백불언(而白佛言)하사되
'자리에서 일어나~ 부처님께 말씀드렸다.'

'자리에서 일어났다'는 것은 제자가 스승에게 법을 묻는 예의의 처음이다. 어느 한쪽 어깨만을 벗는다는 것은 존경의 표시인데 특히 스승에게는 바른편 어깨쪽을 벗는다고 했다. 왜냐하면 바른편은 정도(正道)이고, 왼쪽은 사도(邪道)이기 때문이다(文殊般若經).

바른편 무릎을 땅에 꿇었음도 같은 의미이다. 합장 역시 존경의 표시이며 정성어린 몸짓이다. 합장은 모두가 하나임을 나타내기도 한다(理智不二).

(3) 희유(希有)~선부촉제보살(善付囑諸菩薩)하시나이다
'거룩하십니다 ~ 맡기십니다.'

희유라는 말은 찬탄의 용어이다. 직설로 '드문 일입니다'라고 번역하는 수가 일반적이나 문맥상 서툴다. '참으로 훌륭하십니다', '거룩하십니다' 정도로 이해하면 된다.

세존은 앞에 계신 석가모니 부처님을 말하고 여래란 응현(應現)하여 오시는 일반적 부처님이라고 이해하면 된다. 여래란 진여의 모습 그대로 오신다는 뜻에서 쓰이는 부처님의 이명(異名)이다. 진여는 진리라고 표현할 수 있다. 부처님은 진리를 몸으로 삼으시고 우리에게 다가서는 분이다. 보살이란 보리살타(菩提薩陀, Bodhisattva)의 준말로 각유정(覺有情)이란 뜻이다. 각은 깨달음, 부처님의 세계요, 유정은 미혹, 중생의 세계를 말한다. 즉, 보살은 부처님 세계와 중생 세계를 종횡무진하면서 때로 기도, 정진하고 때로 봉사하는 불교의 이상적인 인간상이다(上求菩提下化衆生).

보살은 학교의 스승과 같은 분이다. 학교 스승은 저녁에 공부해서 아침에 가르친다. 아침에 가르치고 저녁에 또 공부한다. 보살도 마찬가지이다. 혼자 있을 때 기도, 정진하고 함께 있을 때 포교, 봉사한다. 어느 쪽을 먼저 해야 하느냐 하는 기준이 있을 수 없다. 동시에 해야 한다. 보살의 가는 길이 이러하므로 보살들은 부처님의 사랑을 듬뿍 받는다. "부

처님은 보살들을 항상 생각하시며 보호해 주십니다"하고 수
보리가 말하고 있다. 부처님은 보살들을 수족(手足)으로 해
서 계시므로 보살들을 보살필 뿐아니라 부처님의 일을 부탁
하여 맡기십니다라고 수보리는 거듭 말하고 있다.

게 송

隔墻見角에 便知是牛요
隔山見煙에 便知是火로다

담 너머 뿔을 보고 소인 줄 알고
산 너머 연기보고 불 있는 줄 문득 알도다

- 冶 父 -

2

한 문

世尊하 善男子善女人이 發阿耨多羅三藐三菩提
세존   선남자선여인   발아녹다라삼먁삼보리
心한이는 應云何住며 云何降伏其心하리이까
심   응운하주   운하항복기심

男:사내 남   子:아들 자   女:계집 여   發:펼 발   阿:언덕 아
耨:김맬 누   多:많을 다   三:석 삼   藐:멀 막   心:마음 심
應:응할 응   云:이를 운   何:어찌 하   住:머무를 주
降:항복할 항 伏:엎드릴 복

한 글

"세존이시여, 선남자 선여인 즉, 착한 보살들이 있어 부처님 세계에 들려는 마음을 내었다면 이들은 어떻게 생활하여야 하며 어떻게 마음을 다스려야 하리이까?"

해 설

(1) 세존(世尊)하 선남자선여인(善男子善女人)이

선남자 선여인은 보리심을 발한 모든 중생을 통칭해서 쓰는 말이다. 숙세의 인연이 있어 정법을 만난 선근(善根) 중생이라면 모두가 선남자 선여인이다. 여기에는 승, 속이 있을 수 없으며 더우기 빈부, 귀천, 남녀노소는 더욱 있을 수 없다. 그러므로 선남자 선여인을 보살이라 하여도 무리가 없다. 우리말로는 착한 사람들이 된다.

(2) 발아뇩다라삼먁삼보리심(阿耨多羅三藐三菩提)

발은 낸다는 뜻이다.

아뇩다라삼먁삼보리(Anuttar-samyak-sambodhi)는 고전적으로 무상정등정각(無上正等正覺)으로 번역되어 왔다. 위없이 바르고 평등한 깨달음을 말한다. 위없이 바르고 평등한 깨달음의 세계는 최고의 진리적 세계이다. 따라서 아뇩다라삼먁삼보리는 '최고의 진리'라고 표현할 수도 있다.

'발아뇩다라삼먁삼보리심'이란 쉬운 말로 최고의 진리적 마음을 낸다는 뜻이다(부처님은 곧 진리이다. 즉 부처님의 마음을 낸다는 뜻과 통함).

최고의 진리적 마음을 낸다는 말은 부처님 세계에 들려는
마음을 낸다는 뜻과 같다.

(3) 응운하주(應云何住)며~항복기심(降伏其心)하리까

응은 응당의 뜻이며 운하는 어떻게의 뜻이다. 주는 머무르
다의 한자 뜻 그대로이다. 곧 '응당 어떻게 머무를 것인가'인
데 현대적 해석으로는 '어떻게 생활하고 어떻게 행동할 것인
가'가 된다. 어떤 이들은 '마음을 어떻게 안주시키느냐'로 좀
지나친 해석을 시도하는 경우도 있다.

환경[색·성·향·미·촉·법의 육진(六塵)]에 접하면서
살아가는 우리 중생들은 평소 마음을 실제 생활에 투영시키
는 것이 사실이다. 그러나 여기서는 글 그대로 '어떻게 생활
하고 어떻게 행동할 것인가'로 그 뜻을 밝히는 것이 옳다. 산
스크리트 원문의 내용과도 일치하기 때문이다.

운하항복기심하리이까에서 직접적인 번역은 '어떻게 그 마
음을 항복받을 것인가'이다.

여기서 마음을 항복받는 것은 우리 마음 속의 중생심을 조
복 받는 일이다. 중생심이 조복되면 자연히 불심(佛心;부처
님 마음)이 드러나게 된다. 중생심을 조복받는다는 의미는
결국 현대적 감각용어로 마음을 잘 통제한다는 말이다.

이상 살핀 바를 우리 한글로 요약하면 '어떻게 생활하며,
어떻게 마음을 다스리이까'이다.

강 론

금강경에서 수보리 존자가 의심을 일으킨 것이 있어 일어서서 부처님께 여쭈고 있는 모습이 꼭 TV의 화면처럼 다가선다. 모든 사람들에게 보여주기 위해 한 편의 드라마를 연출하는 듯하다. 수보리 존자는 부처님의 위의를 보시고 "거룩하십니다"하고 찬탄할 정도로 상당한 경지에 있는 분이다. 수보리 존자는 본래 사위국 바라문의 아들로 태어나 총명하였으나 성질이 나빠 신경질을 잘 내었으므로 부모 친척들에게 따돌림을 받아 깊은 산 속에 들어가 칩거하다가 우연히 부처님을 뵙고는 과거를 크게 뉘우치고 정진하였다. 결국 아라한과(阿羅漢果)를 얻고 공의 원리를 깨달아 해공제일(解空第一), 무쟁제일(無諍第一)의 제자가 되었다. 수보리는 사상(四相) 등 일체가 다 공(空)함을 보았다고 경전들은 전한다(증일아함경 18). 이렇게 수보리 존자가 등장하신 것은 우리 중생들을 깨우치기 위해, 부처님 세계로 인도하기 위해 베풀어 주시는 지극히 자비로운 은혜에 찬 몸짓이다.

수보리 존자는 부처님에 대한 믿음과 찬탄의 벅찬 가슴을 속 시원히 열어놓고 있다. 꼭 우리 중생들이 해야 할 찬탄의 소리 "거룩하십니다(희유세존이시여)"를 수보리 존자가 대변하는 것이다. 우리는 부처님 문에 들어가는데 별 조건을 다 든다. 그리고 흥정하듯이 부처님 전에 모인다. 부처님의 자비로운 은혜는 찬탄함으로써 쏟아진다. 찬탄하면 모두가 수보리 존자의 마음이 되어 부처님 세계에 들어가는 대열에 동참하게 되리라 본다. 스승의 극히 일상적인 모습을 보고 감격해 하는 수보리, 이미 수보리 마음을 간파하고 있는 스승 간에 우렁찬 사랑의 함성이 교류하는 듯하다. 그 함성은 우리 중생들을 위한 큰 방편의 장이 되었다.

부처님 세계, 부처님 경지에 들어가는 말씀이 전개되기 시작한다.

3

한 문

佛言하사되 善哉善哉라 須菩提야 如汝所說하야
불 언   선 재 선 재   수 보 리   여 여 소 설

如來께서 善護念諸菩薩하며 善付囑諸菩薩하나니
여 래   선 호 념 제 보 살   선 부 촉 제 보 살

汝今諦聽하라 當爲汝說하리라 善男子善女人이
여 금 제 청   당 위 여 설   선 남 자 선 여 인

發阿耨多羅三藐三菩提心한 이는
발 아 뇩 다 라 삼 먁 삼 보 리 심

應如是住하며 如是降伏其心이니라
응 여 시 주   여 시 항 복 기 심

한 글

부처님께서 말씀하셨다.

"오, 그래 그래 착하구나. 수보리야, 너의 말과 같이 여래

哉:어조사 재 汝:너 여   所:바 소   說:고할 설   今:이제 금
諦:살필 체 聽:들을 청   當:마땅할 당 爲:할 위

는 보살들을 잘 생각하여 보호해 주시며 보살들에게 잘 부탁
하여 맡기신단다. 자세히 들으라. 너의 묻는 말에 답해 주리
라. 착한 보살들이 있어 부처님 세계에 들려는 마음을 내었
다면 다음과 같이 생활하며 다음과 같이 마음을 다스려야 하
느니라."

해 설

(1) 선재선재(善哉善哉)라

'오, 그래 그래 착하구나'

착하다, 착하다로 번역이 된다. 수보리가 부처님의 위의를
잘 살피고는 부처님의 보살들에 대한 사랑에 감사를 드리고
보살들이 부처님 세계에 들려면 어떻게 해야 할지를 물으니,
부처님께서는 단 첫마디에 "착하다"라고 답하시는 것이다.

(2) 여금제청(汝今諦聽), 당위여설(當爲汝說)

'자세히 들으라 너의 묻는 말에 답해 주리라.'

여기서 여(汝)는 수보리한테 말한 '너'의 의미도 되지만 수
보리의 마음을 가진 모든 사람에게 해당되는 호칭이다.

(3) 응여시주(應如是住)며~

'다음과 같이 생활하며 다음과 같이 마음을 다스려야 하느
니라.'

여시(如是)는 '이와 같이'인데 문맥의 흐름상 '다음과 같이'

라는 의미가 된다. 다음에 부처님의 고구정녕한 말씀이 계실
것을 말하고 있다.

4

한 문

唯然世尊이시여 願樂欲聞하나이다
유 연 세 존   원 요 욕 문

한 글

"예, 알겠습니다. 세존이시여! 기꺼이 듣고자 하옵니다."

해 설

(1) 유연세존(唯然世尊)이시여~

유(唯)는 응락의 뜻인 '예'이다.

연(然)은 '그러하옵니다' 등의 마음의 화답(和答)을 말한
다. 여기서는 '알겠습니다' 등으로 이해하면 좋다.

착한 보살들이 다음과 같이 생활하며 다음과 같이 마음을
다스려야 한다는 부처님의 말씀에 곧바로 수보리 존자는 "예
알겠습니다"로 화답하고 있다. 원요욕문은 '원하고 좋아하며
듣고자 합니다'로 직역되는데 '원하고 좋아한다' 함은 듣기를

───────────────

唯 : 오직 유   願 : 원할 원   樂 : 좋아할 요 欲 : 하고자할 욕

재촉하는 의미이다. 수보리 존자는 부처님의 말씀에 감사하면서 어서 듣기를 갈망하고 있다.

강 론

이상 제 2분 선현기청분은 법회의 주제와 방향을 설정하고 있다. 부처님과 수보리 사이의 이심전심이 재미스럽다. 깍듯이 예를 드리며 부처님께 일어나는 흠모와 신심을 찬탄으로 승화하는 수보리 존자는 곧바로 착한 보살들이 살아가야 할 인생지침을 내려주기를 바란다. 부처님 또한 수보리의 모습과 가지고 있는 생각을 크게 칭찬하면서 말문을 여신다. 결국 부처님, 수보리, 모든 대중이 하나되어 진리의 세계를 실지 현상으로 장엄해 간다.

믿음과 사랑이 어우러진 부처님의 말씀 속에서 우리는 살아가는 보람을 얻는다. 부처님은 보살들을 잘 생각하여 보호해 주시며 보살들에게 잘 부탁하여 맡기신다고 하였다. 보살들은 부처님의 분신이므로 부처님의 보호를 받으며, 부처님의 할 일을 스스로 한다. 세상의 모든 복되는 일들을 맡기시는 부처님을 우리는 존경한다. 모든 중생들이 부처님 세계(아뇩다라삼먁삼보리)에 드는 것까지 생각해 주시며 오히려 꼭 그렇게 해 주기를 부탁해 맡기신다. 숱한 부처님이 나타나 여래라는 화신(化身)의 몸을 보이지만 중생이 눈이 멀어 보지 못한다. 석가세존이 자비의 몸을 나투시니 착한 보살들이 영원히 지워지지 않는 무루의 복을 심게 된다.

여기서 아뇩다라삼먁삼보리를 보충 설명하면 '아'는 없다

(無)의 뜻이요. '녹다라'는 위(上)의 뜻이다. '삼'은 바름(正)의 뜻이요, '보리'는 깨달음(覺)의 뜻이다. 즉 한문으로는 무상정등정각(無上正等正覺)이 된다. 곧 진실의 자성을 말한다. 진실의 자성이란 불(佛)을 말한다. 불(佛), 부처님은 중국에서 깨달음(覺)으로 표현되었다. 진실의 자성은 모든 중생에게 본래로 갖추어져 있다. 부처님은 곧 원만하고 밝은 진실의 자성을 말하며, 깨달음을 말한다. 이를 '아뇩다라삼막삼보리'라 했던 것이다. 요약하여 아뇩다라삼막삼보리는 현대 감각 언어로 '부처님 세계'이다.

게 송

問處가 孤高하매
答處가 深하리라

물음이 고고하니
답함이 심오하도다

− 宗 鏡 −

大乘正宗分 第三
(대승정종분 제삼)

大乘正宗(대승정종)

대는 크다는 뜻이요, 승은 수레란 뜻이다.
즉, 대승은 일체 중생을 함께 실어 나르는 큰 수
레를 말한다. 반면 소승은 작은 수레를 말한다.
대승은 요즈음의 열차, 버스 등의 교통수단에
비유된다. 정종은 바른 종지(宗旨) · 바른 으뜸
이란 뜻으로 해석된다. 대승정종이란 일체 중생
이 함께 타고 가는 큰 수레의 바르고 으뜸되는
가르침이라는 뜻이다.

· 본 문 ·

1

한 문

佛_{께서} 告須菩提_{하사되} 諸菩薩摩訶薩_은 應如是降
불   고 수 보 리   제 보 살 마 하 살   응 여 시 항

伏其心_{이니}
복 기 심

한 글

부처님께서 수보리에게 말씀하셨다.

"대보살들은 꼭 다음과 같이 마음을 다스려야 하느니라."

해 설

(1) 보살마하살(菩薩摩訶薩)

大 : 큰 대   乘 : 수레 승   正 : 바를 정   宗 : 마루 종   摩 : 만질 마
訶 : 꾸짖을 가

보살마하살은 '보살 큰 보살'의 뜻이다. 일체중생과 함께 하는 삶을 하면서 자기의 기도와 수행을 부지런히 하는 대승의 전형적인 인간을 말한다. 대원(大願)을 세운 보살이며 우리 주위에서 가끔 만날 수 있는 대보살을 일컫는다.

(2) 응여시항복기심(應如是降伏其心)

여시는 '이와 같이'의 뜻으로 앞으로의 말씀을 의미한다. 억지로 여러 가지 설명을 붙이는 사람들이 있으나 이는 뱀을 그리고 발을 붙이는 격이다.

2

한 문

所有一切衆生之類 若卵生 若胎生 若濕生 若化生
소 유 일 체 중 생 지 류 약 난 생 약 태 생 약 습 생 약 화 생
若有色 若無色 若有想 若無想 若非有想非無想을
약 유 색 약 무 색 약 유 상 약 무 상 약 비 유 상 비 무 상
我皆令入無餘涅槃하야 而滅度之하리니
아 개 영 입 무 여 열 반 이 멸 도 지

한 글

'이 세상의 온갖 생명체들 이를테면 알에서 태어났거나 태에서 태어났거나 습기에서 태어났거나 갑자기 변화하여 태어났거

切:모두 체　之:어조사 지　類:같을 류　卵:알 란　胎:애밸 태
濕:젖을 습　化:될 화　想:생각할 상　非:아닐 비　皆:모두 개
餘:남을 여　涅:개흙 열, 열반 열　槃:소반 반, 열반 반
滅:멸할 멸　度:법 도　令:하여금 령

나 하늘나라의 색계, 무색계에 태어났거나 무색계 하늘 중 유상
천, 무상천, 비유상비무상천에 태어났거나 모두 내가 저 영원한
부처님 세계에 들도록 인도하리라' 라고 서원 세우라.

해 설

(1) 약(若)은

이를테면의 뜻

(2) 약난생(若卵生)~약비유상비무상(若非有想非無想)

이 부분은 모든 중생의 종류들을 열거하고 있다. 때로는
마음의 여러 상태를 말하기도 한다.

(가) 모든 중생은 곧 모든 생명체이다. 모든 생명체는 욕
계(욕망으로 가득찬 세계), 색계(욕망은 어느 정도 쉬어졌으
나 몸의 형태를 희미하게 가진 세계), 무색계(몸의 형태는
없으나 미세한 욕망은 남아있는 세계)에 넓게 퍼져 있다. 난
생, 태생, 화생, 습생을 사생(四生)이라 한다.

```
        ┌ 난생(卵生) : 알에서 태어나는 것 - 새
        ├ 태생(胎生) : 태에서 태어나는 것 - 사람
욕 계 ┤ 습생(濕生) : 습기에서 태어나는 것 - 모기·AIDS·세균
        └ 화생(化生) : 화하여 태어나는 것 - 지옥, 천상에 남:나방

색 계 ─ 유색(有色) : 색계에서 태어나는 것(빛깔이 있는 중생)

        ┌ 무색(無色) : 무색계에서 태어나는 것(빛깔이 없는 중생)
        ├ 유상(有想) : 무색계의 제 2천인 식무변천(識無邊天)에 태어나는 것
        │              (생각이 있는 중생)
무색계 ┤ 무상(無想) : 무상천(無想天)에 태어나는 것(생각이 없는 중생)
        └ 비유상비무상(非有想非無想) : 비상비비상처천의 하늘 나라에
                      태어나는 것(생각이 있기도 하고 없기도 한 곳)
```

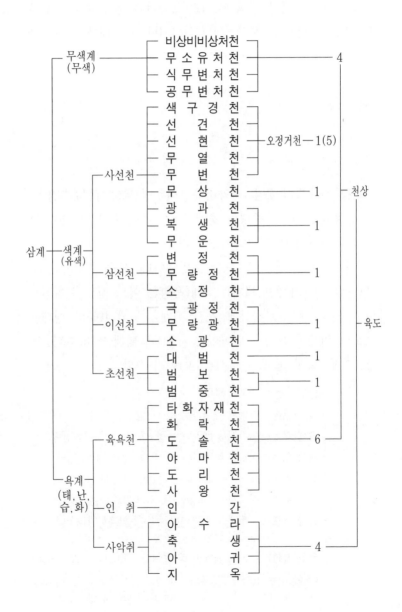

욕계·색계·무색계를 삼계(三界)라고 한다. 삼계(三界)는 지옥, 아귀, 축생, 아수라, 인간, 천상의 육도(六道)로 불리어 지기도 한다. 부처님을 삼계도사(三界導師)라고 하면 삼계 중생을 이끌어가는 스승이란 뜻이다. 금강경에 나타나는 이 9종류의 중생은 세상 모든 중생들을 일컫는다고 생각하면 쉽다.

(나) 난생에서 비유상비무상을 마음의 상태에 따라 나누기도 한다(육조스님).

난생 : 성품이 미혹한 중생 마음

태생 : 업의 습관에 따라 제 2의 성품을 익히는 중생 마음

습생 : 삿된 성품을 익히는 중생 마음

화생 : 재촉하는 성품을 가진 중생 마음

유색 : 형상에만 집착하는 중생 마음

무색 : 곧은 자신만을 지킬 뿐 형상을 무시하며 배척하는 중생 마음

유상 : 생각만 있고 진실로 행하지 못하는 중생 마음

무상 : 아무 생각이 없이 선정에 든 듯하는 중생 마음. 이 무상의 중생은 자비와 보시와 방편을 쓰는 생각조차 없어서 나무, 돌처럼 활동이 없는 중생 마음이다.

비유상비무상 : 생각만 있는 중생이 아니라서 행하는 모습도 있고, 아무 생각이 없는 목석 같은 중생이 아니라서 현실 의식도 있지만 아직 완전한 부처님 경지에는 오르지 못한 중생 마음을 말한다.

(다) 위에서 본 바와 같이 중생을 크게 9종류로 나누고 있다. 비상비비상처천에 있는 중생은 수명이 8만겁에 이른다.

각 중생들은 자기가 처한 세계에 따라 시간 관념도 다르다. 도솔천의 1주야는 인간의 400년, 타화자재천의 1주야는 인간의 1,600여년에 해당한다. 아인슈타인은 상대성 이론에서 빛의 속도만큼 우주를 여행할 경우 늙지 않는다고 하였다.

우리 은하계 만도 지구와 같이 생물이 살 수 있는 별이 100억 개가 되므로 틀림없이 수많은 중생이 그 곳에서 살고 있을 것이다.

이 중생들은 각각의 마음을 가지고 있을 것이며, 어느 한 곳의 한 중생 마음은 여러 가변성을 가지는 것이다.

(3) 아개영입(我皆令入)~이멸도지(而滅度之)

아(我)를 부처님 자신으로 보는 견해도 있으나 문맥상 여기서의 아(我)는 대보살을 가리킨다. 영(令)은 사역의 의미이며 '-케 한다'의 뜻이다.

무여열반이란 완전한 열반, 완전한 부처님 세계를 말한다. 무여란 남음이 없다는 말로 영원함의 의미를 담고 있다. 곧 영원한 부처님 세계이다(산스크리트 원본). 혹 유여열반, 무여열반을 함께 말하는 수가 있다.

즉, 이때 유여열반은 모든 번민 고뇌를 끊었으되 몸의 고통은 아직 남아 있는 열반의 경지를 말하고 무여열반은 정신적 열반 뿐아니라 육체 자체의 고통까지 해결한 경지이다. 즉, 유여열반을 얻은 이가 죽었을 때 얻어지는 열반이다.

열반은 니르바나(nirvana)의 음역으로 '불이 꺼진 상태'를 말한다. 곧 부처님 세계다. 멸도(滅度), 적멸(寂滅), 원적(圓寂)으로 번역한다.

3

한 문

如是滅度 無量無數無邊衆生하되 實無衆生이
여시멸도 무량무수무변중생   실무중생

得滅度者니 何以故 須菩提야 若菩薩이 有我相
득멸도자   하이고 수보리야 약보살   유아상

人相衆生相壽者相하면 卽非菩薩이니라
인상중생상수자상   즉비보살

한 글

"이와 같이 헤아릴 수 없는 생명체들을 부처님 세계로 인
도하는데 실지로는 인도를 받은 중생이 없느니라.

어떤 까닭이겠느냐?

수보리야, 만약에 보살이 자기가 제일이라는 모습 즉, 아
상이 있다거나 나와 남을 나누어서 보는 모습 즉, 인상이 있
다거나 재미있고 호감가는 것만을 본능적으로 취하는 모습
즉, 중생상이 있다거나 영원한 수명을 누려야지 하는 모습
즉, 수자상이 있다면 이는 보살이 아니기 때문이니라."

해 설

(1) 멸도(滅度)

멸은 적멸이요, 도는 제도를 말한다. 멸은 부처님 세계요,

量:헤아릴 량 邊:가 변   實:열매 실   得:얻을 득

도는 건넌다, 인도한다는 뜻이 된다. 멸도는 제도된 적멸의
상태 즉, 대해탈(부처님 세계)을 말할 수도 있으나 부처님
세계로 인도한다는 의미도 된다.

우리들은 고전적 경의 해석에서 탈피해야 한다.

(2) 무량무수무변중생(無量無數無邊衆生)

한량없고 수가 없고 가이없는 중생이니 곧 헤아릴 수 없는
중생이다.

(3) 하이고(何以故)

'어떤 까닭이냐?'

(4) 아상인상중생상수자상(我相人相衆生相壽者相)

이를 4상(四相)이라 한다.

여기서 상은 틀, 모양, 모습을 의미한다.

모양은 고체화된 것을 말한다.

(가) 아상(我相) : 자기라는 고집 즉, 자기가 제일이라는
모습을 말한다.

아상을 가진 사람은 재산, 학문, 가문, 권력 등을 믿고 모
든 사람을 업신여긴다. 심지어는 자기의 용모, 자기의 건강,
자기의 주먹을 믿고 자기가 최고라는 고집에 빠져 있다. 아
(我)는 색, 수, 상, 행, 식의 오온이 화합하여 이루어져 있으
며 재산, 권력 등은 영원한 것이 못됨을 알아야 한다.

(나) 인상(人相) : 남이라는 고집 즉, 나와 남을 나누어서
보는 모습을 말한다.

　한문에서 인(人)은 남을 말한다. 자기에 견주어서 남을 비교, 차별 내지 경멸한다. 윤리 도덕을 준수, 실천하는 듯하면서 그렇지 못한 다른 사람을 상대하지 않으려는 못된 생각에 빠져 있다. '저 사람은 사람도 아니다'하고 담을 쌓고 사는 고집은 자기의 행동이 바르다 하더라도 아주 옳지 못하다.

　(다) **중생상(衆生相)** : 중생의 본능적 고집 즉, 재미있고 호감가는 것만을 본능적으로 취하는 모습을 말한다. 중생, 모든 생명체들은 즐겁고 좋은 일인 듯 하면 자기가 취하려 하고 귀찮고 힘든 일인 듯 하면 남에게 미루려는 생각을 가진다.

　육식을 하는 것도 중생상이며 하늘나라에 나려는 것도 중생상이다.

　(라) **수자상(壽者相)** : 생명에 대한 고집 즉, 영원한 수명을 누려야지 하는 모습을 말한다. 모든 사람들은 자기는 늙지 않으리라는 생각, 죽지 않으리라는 생각을 갖는다. 또 그러기를 희망하면서 성형수술까지 한다. 모든 객관의 사물들이 그 영원한 수명과 함께 하리라는 착각 속에 산다. 생명이 영원하고 권좌가 영원하리라는 생각은 혼돈일 뿐이다.

강 론

　이 3분에서 부처님은 보살들의 마음 다스리는 법을 바로 가르치고 계신다. 보살은 아상, 인상, 중생상, 수자상이 없을 때 대보살이 된다고 하였다. 이 사상(四相)은 모두 범부 중생들이 넘어야 할 산이라 하여 옛부터 사상산(四相山)이라

하였다. 중생은 업력에 끄달려 사상을 지니지만 보살은 원력을 세움으로 사상이 있는 줄 조차 모른다. 그냥 무던히 살 뿐이다. 보살은 중생을 부처님 세계로 인도하지만 인도된 중생이 없다. 왜냐하면 본래 이 법계(세상)는 부처님 세계이기 때문에 오고 가는 법이 없다.

우리 자신의 본 성품 즉, 부처님 성품(佛性)은 사상이 무너지면서 부처님 세계와 하나가 된다. 한 발자국도 옮기지도 않고 그 광명은 우리에게 찾아든다. 보살이 이미 부처님 세계에 들었으며 어둠 걷힌 공간에 광명오듯이 보살의 인도로 중생들도 모두 부처님 세계에 든다. 이제는 모두가 하나이다. 여기에는 자기다 남이다라는 구별이 있을 수 없다. 이 마음을 다스리는 법은 요즘 현대인들에게 꼭 필요하다. 노이로제 등 신경성 병은 사상산이 험준한 까닭이며, 내과의 모든 병, 암 등도 결국은 사상산이 높은 사람에게 있게 된다. 원각경에서도 사상을 제거하지 못하면 부처님(보리) 세계에 들 수 없다고 하지 않았는가!

게 송

頂天立地
鼻直眼橫

머리를 하늘로 하고 땅 위에 서니
코는 곧고 눈은 옆으로 있게 되네

- 冶父 -

妙行無住分 第四
(묘행무주분 제사)

妙行無住(묘행무주)

묘행은 진리에 계합한 행을 말한다. 즉, 반야의 지혜로 행하는 일이다. 이는 생각에 다른 의식을 두지 않고 순수한 마음으로 해야 한다해서 무주(無住)라 하였다.

• 본 문 •

1

한 문

復次須菩提_야 菩薩_은 於法_에 應無所住_{하야} 行於
부 차 수 보 리   보 살   어 법   응 무 소 주   행 어

布施_니 所謂不住色布施_{하며} 不住聲香味觸法 布
보 시   소 위 부 주 색 보 시   부 주 성 향 미 촉 법 보

施_{니라} 須菩提_야 菩薩_은 應如是布施_{이니} 不住於相
시   수 보 리   보 살   응 여 시 보 시   부 주 어 상

_{이니} 何以故_오 若菩薩_이 不住相布施_{하면} 其福德_이
        하 이 고   약 보 살   부 주 상 보 시   기 복 덕

不可思量_{이니라}
불 가 사 량

한 글

"또한 수보리야 보살은 반드시 대상에 매이지 말고 보시를

復 : 돌아올 복, 다시 부　　次 : 버금 차　　住 : 머물 주　　行 : 갈 행
謂 : 이를 위　　布 : 베풀 포　　施 : 베풀 시　　聲 : 소리 성　　香 : 향기 향
味 : 맛 미　　觸 : 느낄 촉　　福 : 복 복　　德 : 큰 덕

하여야 하느니라.

이른바 행색, 소리, 냄새, 맛, 촉감, 기존관념을 떠나서 보
시할지니라.

수보리야 보살은 꼭 이와 같이 보시하면서 자기가 보시를
한다는 생각도 내지 말지니라. 왜냐하면 만약에 보살이 자기
가 보시를 한다는 생각없이 보시를 하면 그 복덕이 헤아릴
수 없이 크기 때문이니라."

해 설

(1) 부차(復次)
또 다음의 뜻으로 뒷말씀이 계실 것을 암시함.

(2) 어법(於法)
여기서 법은 대상 전체를 일컫는다. 그 대상은 물질적인
것은 물론이고 기존관념 등의 정신까지 포함한다. 구체적으
로 살펴보면 중생은 여섯 가지 기관으로 대상을 인식하는데
그 대상 또한 여섯 가지이다.

주관의 기관을 6근, 객관의 대상을 6경이라 한다. 6근과
6경 사이에 6식 작용이 있게 되는 것이다.

6근(六根)	6식(六識)	6경(六境)
① 眼 (눈)	- 눈은 모양, 색깔을 본다	- 色
② 耳 (귀)	- 귀는 소리를 들어 감지한다	- 聲
③ 鼻 (코)	- 코는 냄새를 맡는다	- 香

④ 舌 (혀) – 혀는 맛을 느낀다 　　　　　　　 – 味
⑤ 身 (몸) – 몸, 피부를 닿임을 느낀다 　　　　 – 觸
⑥ 意(생각) – 생각의 대상(기존관념)을 생각한다 – 法

___

이 의근과 법경은 앞 다섯을 총칭하는 의미이기도 하다.

법(法)이란 여러 의미를 나타낸다. 경우에 따라서 진리로 표현되는 수도 있고, 일체 존재 자체로 표현되는 수도 있고, 여기서처럼 생각의 대상이란 개념으로도 쓰여진다. 경전을 대하면서 혼돈해서는 큰 문제다.

6경(境)을 6적(賊)이라고도 한다. 우리의 본래 마음, 부처님 세계에 들려는 마음을 빼앗는 도적이란 뜻이다. 또한 6경(境)을 6진(塵)이라고도 한다. 그러나 모든 대상은 본래 있지 않은 티끌이며 우리 중생 각자의 제도된 장치로 보일 뿐이다.

(3) 보시(布施)

보시는 범어로 단나(檀那;dana)이다. 보시의 보는 편다는 의미이며 시는 베푼다는 의미이다. 즉, 널리 베풂을 말한다.

보시에는 생각에 딴 댓가를 바라는 유주상(有住相)보시가 있고 생각에 댓가나 조건을 달지 않는 진실로 깨끗하고 청정한 무주상(無住相)보시가 있다.

이 보시에는 세 가지가 한 가지로 어우러져야 한다. 즉, 베푸는 이와 받는 이와 베푸는 것이 모두 하나여야 한다(三輪空寂三輪清淨).

보시는 꼭 사람과 사람, 사람과 사물의 관계만은 아니다.

예를 들어 사람과 자연의 관계에서도 보시는 이루어 질 수
있다. 보시는 곧 사랑의 실천행위이다. 부처님 세계는 사랑
의 마음으로 채워져 있다. 사랑이 없는 자는 보시할 줄 모르
고, 보시할 줄 모르는 자는 부처님 세계에 들 수 없다. '보시
바라밀'이라고 하는 대승의 보살이 가야 할 실천 덕목이 있
다. 바라밀이란 저 언덕에 이르름 즉, 부처님 세계를 의미한
다. 보시바라밀이란 보시가 곧, 부처님 세계에 드는 일이란
뜻이다. 따뜻한 인사 한마디, 자연에 대한 따뜻한 손길이 모
두 보시이다. 보시는 복을 짓는 첩경이다.

(4) 부주어상(不住於相)

不은 '불'이 아니라 '부'이다. ㄷ, ㅈ앞에서 일어나는 음의
법칙이다.

상(相)은 모양을 말한다. 모양이란 어느 상태로 된 것, 고
집, 집착을 의미한다. 즉 보시해 놓고 집착하지 말라는 뜻이
다. 자기가 했다는 생각을 버리는 일이다.

2

한 문

須菩提야 於意云何오 東方虛空을 可思量不아
수보리 　어의운하 　동방허공 　가사량부

不也니이다 世尊하
불야 　세존

須菩提야 南西北方四維上下虛空을
수보리 　남서북방사유상하허공

可思量不아 不也니이다 世尊하
가 사 량 부   불 야   세 존

須菩提야 菩薩의 無住相布施하는 福德도
수 보 리   보 살   무 주 상 보 시   복 덕

亦復如是하야 不可思量이니라 須菩提야 菩薩은
역 부 여 시   불 가 사 량   수 보 리   보 살

但應如所敎住니라
단 응 여 소 교 주

한 글

"수보리야 어떻게 생각하느냐? 동쪽 허공의 크기를 가히 생각으로 헤아릴 수 있겠느냐?"

"헤아릴 수 없습니다. 세존이시여."

"남, 서, 북, 남서, 남동, 북서, 북동, 상, 하 곧 이들의 허공의 크기를 가히 생각으로 헤아리겠느냐?"

"헤아릴 수 없습니다. 세존이시여."

"수보리야, 보살이 자기가 한다는 생각없이 보시한 복덕도 이처럼 엄청나서 가히 생각으로 헤아릴 수 없느니라. 수보리야 보살은 이처럼 반드시 가르쳐 준 대로만 마음을 내고 생활할지니라."

思 : 생각 사   東 : 동녘 동   方 : 모 방   空 : 빌 공   也 : 잇기 야
南 : 남녘 남   西 : 서녘 서   北 : 북녘 북   四 : 넉 사   維 : 이을 유
亦 : 또 역   敎 : 가르칠 교

해 설

(1) 어의운하(於意云何)

'뜻 어떠한고'이므로 '어떻게 생각하느냐'이다.

(2) 남서북방사유상하허공(南西北方四維上下虛空)

앞의 동쪽을 합해서 시방(十方)이라 한다. 사유(四維)는 간방(間方)을 말하는데 남동, 남서, 북동, 북서를 가리킨다.

상, 하는 위쪽, 아래쪽을 나타낸다.

(3) 가사량부(可思量不)

여기서 부(不)는 하겠느냐, 못하겠느냐의 뜻이다. 즉, 가히 사량하겠느냐, 못하겠느냐의 의미이다.

(4) 단응여소교주(但應如所敎住)

직역하면 '응당 가르쳐 준 대로만 머물러라'이다. 여기서 '머물러라'는 행동, 생활하라이다.

생활이란 구체적으로 보시하는 생활을 의미하며 그 보시는 상(相)에 얽매이지 않을 것을 강조한다.

강 론

제 2분 선현기청분에서 수보리는 부처님께

"보살들이 어떻게 생활하여야 하며(應云何住) 어떻게 마음을 다스려야 하리이까(云何降伏其心)?"

하고 여쭈었다.

이에 제 3분에서 마음 다스리는 법이 설명되었고 여기 제 4분 묘행무주분(妙行無住分)에서는 생활하는 법이 설명되었다.

답변의 순서가 바뀐 듯 하지만 부처님의 모든 설법은 항상 가장 늦게 질문된 것이 가장 먼저 답변되어 졌다.

한편 생활과 마음은 어떤 관계가 있는가? 살펴보면 이 둘은 떼서 생각할 수가 없다. 그래서인지 금강경의 모든 주석가들은 응운하주(應云何住)의 대목을 '어떻게 마음을 주하리오'하고 있다.

그러나 이는 '운하항복기심(云何降伏其心)'과 내용상 별 차이가 없으므로 '어떻게 생활하여야 하리잇고'하는 것이 정확하다.

제 4분의 과목 이름 즉 묘행무주(妙行無住)에서 힌트를 잡더라도 이해가 간다. 곧 묘행은 진리에 계합한 생활을 말하기 때문이다.

현대 심리학에 있어서도 우리 인간을 행동양식 즉, 행위(Modus Agendi)와 존재양식 즉, 마음(Modes Essendi)으로 설명하고 있다.

마음과 행위(생활)는 상호불가분의 관계가 있기 때문이다. 마음 없는 행위는 있을 수 없고 행위 없는 마음은 있을 수 없다.

부처님의 세계에 들려는 보살(아뇩다라삼먁삼보리심을 낸 이들)들은 보시를 해야 한다.

보시는 하나가 되는 길이며 부처님 세계, 진리의 세계는 완전히 보시의 만행(萬行)이 있을 뿐이다. 하늘은 비와 이슬을 내려 대지를 적시면서도 말이 없다.

하나이기 때문이다.

하나는 내 마음이 청정하지 않으면 안된다. 아무런 댓가 아무런 집착, 조건이 없다.

여기서는 6근이 6근이 아니요, 6진이 6진이 아니다. 주관 객관이 온통 어우러져 자취가 없다.

그러나 그 복덕은 허공같이 크며 모든 좋은 일을 잉태시킨다.

보시가 보시 다우려면 색(色) 등의 법(法)에 매이지 말아야 한다.

즉 현상적으로 들려오고 보이는 형색, 소리 등의 그 정확한 진의를 알아야 한다. 지혜가 있어야 한다. 즉 진정한 보시는 객관의 대상 그 내면의 세계에 귀를 기울여야 한다(不住色聲香味觸法). 뿐만 아니라 내가 보시를 할 때에는 나의 마음 전체를 실어서 해야 한다.

예를 들어 어떤 이에게 말 한마디를 하더라도 정성을 다해야 한다. 말만 내어 보내고 마음은 남아 있어서는 안된다.

이렇게 보시행을 하는 데는 그 방법, 종류가 한량이 없다.

이 우주에 존재하는 이상 그 모두가 보시행이 될 수 있다. 함께 있다는 대승의 마음만 있으면 된다.

따뜻한 인사를 건네는 것, 온화한 미소를 짓는 것(無畏施), 이웃에게 재물을 나누어 주는 것(財施), 부처님 도량을 잘 가꾸고 부처님 정법을 선양하고 포교하는 것(法施) 등이 다 보시이다.

보시는 평면적인 복 이상의 공간적인 복덕을 가꾸는 일이
다(시방의 허공만큼 크다).

보시하는 이들은 보시했다는 생각을 갖지 않을 때 완전히
자기 것이 된다(不住於相).

그저 이웃이 있고 부처님이 계셔 즐거울 뿐이다. 대승의
보살은 보시하는 행을 주저하지 않는다. 적극적으로 이웃을
찾아 나선다.

외로운 이들의 벗이 되며 오히려 자기에게 돌아오는 모든
소임을 감사하게 생각한다.

부처님 세계에 들려는 보살은 온 진리의 세계가 하나인 줄
을 안다.

보시는 '하나인 세계'에 들어가는 대승의 첫 관문이며 중생
의 멍에를 벗는 부처님의 메시지이다.

게 송

西川十樣錦 添花色轉鮮
欲知端的意 北斗面南看
虛空不礙絲毫念
所以彰名大覺仙

서천에서 나는 열 가지 모양의 비단은
꽃수를 붙이니 색이 더욱 산뜻하도다
만일 진실자체(단적)의 뜻을 알려면

북두의 별을, 남쪽으로 얼굴을 돌리고 보아라
허공은 실 한오리만한 생각도 꺼리지 않는다
그런 까닭에 부처님(대각선)이란 이름이 드러난다

- 冶父 -

非法亦非心
無心亦無法
說是心法時
是法非心法

법도 아님이여 마음도 아님이여
마음도 없음이여 또한 법도 없음이라
이 마음과 이 법을 설할 때에는
이 법은 마음도 법도 아님이로세

- 商那和修尊子 -

如理實見分 第五
(여리실견분 제오)

如理實見(여리실견)

여리란 이치, 진리와 같다는 말이요, 실견은 실답게 본다는 말이다.

모습 등의 외관에 마음을 두지 않고 그 이면에 숨겨진 진리를 관조하는 힘을 가리킨다.

• 본 문 •

1

한 문

須菩提야 於意云何오 可以身相으로 見如來不아
수 보 리   어 의 운 하   가 이 신 상   견 여 래 부

不也니이다 世尊이시여 不可以身相으로 得見如來니
불 야   세 존   불 가 이 신 상   득 견 여 래

何以故오 如來所說身相은 卽非身相일새니이다
하 이 고   여 래 소 설 신 상   즉 비 신 상

한 글

"수보리야 너의 생각은 어떠하냐?

몸의 형색을 보고 참 부처님을 알 수 있다고 생각하느냐?"

"모릅니다. 세존이시여,

몸의 형색을 보고는 참 부처님을 알 수 없습니다.

見:볼 견

왜냐하면 부처님께서 말씀하신 몸의 형색은 곧 몸의 형색
이 아니기 때문입니다."

해 설

(1) 신상(身相)

육신을 가리킨다. 부처님 몸의 형색 곧 육신은 보통 32상
(相)으로 표현된다. 32상은 겉모양의 사대색신(四大色身)을
말한다. 여기서 4대란 지수화풍(地水火風)을 말하는데 이
4대가 결합, 존재하는 것이 이 몸의 형색이다. 따라서 이
4대가 흩어지면 즉, 죽어 없어지면 몸의 형색, 육신은 있다
고는 말할 수 없다.

한편 부처님의 진정한 몸은 무엇인가?

법신(法身)이다. 늙고 병들고 죽지 않는 금강불괴의 몸이
다.

즉, 육신은 유한(有限)하며, 법신은 무한하다. 육신은 유
상(有相)이며, 법신은 오히려 무상(無相)이다.

강 론

지금까지의 경 말씀은 생활하는 법(云何應住)과 마음 다
스리는 법(云何降伏其心)이었다. 근기가 수승한 중생들은 다
알겠지만 그렇지 못한 중생들을 위해 부처님께서는 장황한
법문을 계속하신다.

특히 여기 제 5분에서는 수보리가 묻지 않으시는데도 오히려 부처님이 수보리에게 질문을 던지고 또 대답하신다[이를 경전형식상 무문자설(無問自說)이라 함].

부처님의 자비심은 중생이 원치 않는 곳에 나타나시고 중생이 부르기도 전에 감응하신다.

보통의 착한 보살들이 부처님 세계에 들려는 마음을 내었다면(발아뇩다라삼먁삼보리심), 댓가를 바라지 않은 보시를 하고 자기라는 상을 내지 말아야 한다고 부처님은 말씀 하셨다. 그런데 여기서 생각해 보면 부처님 세계에 들려는 마음을 낸 것은 무엇인고? 그것은 상이 아닌가 하는 점이다. 또한 부처님 세계는 부처가 되지 않으면 안된다.

부처란 보통 32상의 몸의 형색을 갖추었다고 보면 결국은 자기라는 상을 내지 않는 가운데 얻어진 또 다른 상이 아닌가 하는 점이다.

다소 논리의 모순이 있을 법도 하다는 데서 부처님은 스스로 문제를 제기하고 답을 주신다.

즉, 부처님께서는 먼저 수보리에게 몸의 형색을 보고 참부처님을 알 수 있겠느냐고 물으심에 수보리는 부처님께서 말씀하시는 몸의 형색은 청정법신의 몸의 형색과는 다르다는 이유를 들어 형색을 보고는 참 부처님을 모른다고 답하였다.

위에서 해설한 것처럼 신상(身相)은 육신의 상, 몸의 형색으로 표현된다. 이 신상은 엄밀히 따지고 보면 인연의 집합체이다.

신상을 자동차에 비유하면 자동차는 바퀴, 차체, 유리 등이 모여 그 이름이 붙는다. 자동차는 여러 부품이 모여 이루어지므로 실체가 없다. 결국 따지고 보면 자동차는 자동차가 아닌 것이다.

이와 같이 몸의 형색 또한 몸의 형색이 아닌 것이다(身相 卽非身相).

지(地), 수(水), 화(火), 풍(風)의 4대(四大)로 이루어지기 때문이다.

4대는 허공의 에너지 그 자체이다. 허공은 청정하고 아무런 모양이 없으며 진실할 뿐이다. 검은 것이 칠해지면 검게 되고 네모난 것이 놓여지면 네모날 뿐이다. 그렇듯이 우리 앞에 나타난 부처님은 형색을 지닌 화신불이다.

그런데 진짜 부처님 상은 바로 허공과 같아서 우주 그대로 존재할 뿐, 보거나 만질 수 있는 대상이 아니다.

그렇다고 부처님의 32상의 모습은 한갓 헛된 4대의 뭉치는 아니다. 눈을 뜨고 보면 32상의 모습은 진실의 부처님 몸, 즉 법신의 장엄하심이다.

법신, 진실의 부처님 몸은 영겁의 시간 속에 그대로 계신다. 부처님의 진정한 몸, 법신을 제각기 근기 따라 취하여 살아 가는 것이 우리 현실이다.

게 송

身在海中休覓水하고
日行嶺上莫尋山이어다

鶯吟燕語皆相似하니
莫問前三與後三이어다

물 가운데서 물을 찾지 말고 산 위에서 산을 찾지 말라
꾀꼬리 제비소리가 다 비슷하니 전삼후삼을 묻지 말라

－ 冶父 －

2

한 문

佛_{께서} 告須菩提_{하시되} 凡所有相_이 皆是虛妄_{이니}
　불　　고수보리　　　범소유상　　개시허망

若見諸相非相_{하면} 即見如來_{니라}
약 견 제 상 비 상　　즉 견 여 래

한 글

　부처님께서 수보리에게 말씀하셨다.
　"존재하고 있는 모든 정신적, 물질적인 것은 실체가 없고
끊임없이 변하는 것이니 만일 이와 같은 줄을 알면 부처님
세계를 보리라."

凡 : 무릇 범　　妄 : 망녕될 망

해 설

(1) 범소유상(凡所有相)

여기서 상(相)은 물질적인 형상 뿐만 아니라 마음에서 고정화된 형상까지 의미한다.

(2) 개시허망(皆是虛妄)

허망은 다분히 염세적 냄새를 풍긴다. 그러나 허망은 있는 그대로를 나타내는 말일 뿐이다. 허망은 '비었다'라는 의미다. 고정된 실체, 알맹이가 없다는 말이다. 곧 안개처럼 실답지 못하고 영원하지 못하다. 존재했던 것이 다른 조건과 영향 아래서 태양을 만난 안개처럼 없어지거나 변한다.

(3) 약견제상비상(若見諸相非相)

여기서는 두 가지로 해석된다. 즉, '만약 모든 상이 상 아닌 것을 보면' 또는 '만약 모든 상을 보아서 상이 아니면' 이다. 어느 쪽으로 하든 의미는 같다고 볼 수 있다.

(4) 즉견여래(卽見如來)

여래는 진여에서 왔다는 뜻으로 진여 그대로의 모습, 진리 그대로의 모습이신 부처님을 일컫는다.

강 론

이를 금강경 4구게라 한다. 금강경에서는 4구게가 세 곳에 나온다. 4구게란 4구절로 된 게송(시, 노래)을 말한다. 게송(偈頌)의 게(偈)는 Gatha의 소리 번역이고, 송(頌)은 게의 뜻 번역으로 운문형식을 말한다. 본 제 5분의 제목은 여리실견분(如理實見分)이다. 이치답게, 이치와 같이, 실답게 본다는 뜻이다. 즉, 바로 보라는 말이다.

바로 본다함은 8정도에서 처음 나오는 정견(正見)을 말한다. 즉, 바로 보는 것이 부처님 문으로 들어가는 첫단계이다. 이 사구게에서 가르치는 '바로 봄'은 제상비상(諸相非相) 즉, 상이 상 아닌 것을 보는 일이다.

상은 무엇인가? 물질적인 형체 즉, 겉모습, 형색을 말한다. 여기에는 돈, 명예, 권력 등도 포함되며 자기의 고정관념도 포함된다. 상(相)은 중생의 착각, 망상(妄想)으로 인해 영원하고 고정된 것인양 대상화한다. 그런데 실지 그런 상(相)은 없다. 세상의 모든 철학과 종교는 과학성이 있어야 한다.

아인슈타인(Einstein)은 "과학이 없는 종교는 장님이며, 종교가 없는 과학은 절름발이이다." 라고 말하였다.

그러면 상은 과학적 입장에서 어떻게 비상(非相)인가? 지금까지 과학은 물질이 어디까지 쪼개어지겠는가를 연구해 왔다.

육체는 유기물로 되어 있고 유기물을 분석하면 무기물인 원자(原子)로 되어 있다. 그 원자는 양성자(陽性子)와 중성자(中性子)가 합하여서 된 원자핵(原子核)이 있고 그 주위를 전자(電子)가 돌고 있다. 보통 양성자, 중성자, 전자를 소립자라고 일컫는다.

그런데 과학이 발달할수록 비슷한 소립자들이 발견되어

200개도 넘을 뿐만 아니라 이들 소립자를 가속기(加速器)에
서 높은 에너지를 가진 다른 소립자로 충돌시켜 부수면 다른
입자로 쪼개지므로 이들 소립자들은 일종의 복합체로 판명
되었다. 즉 쿽(quark)이 모여 소립자가 되는 것이다. 연구
결과 현재는 쿽이 발견되고 앞으로 계속하여 더욱 더 작은
서브쿽크(subqurk)가, 그보다 더 작은 코스몬(cosmon)이
발견되리라 예상한다.

최근에는 입자가 빛으로 변한다는 사실들이 판명되었다.
그러면 질량은 결국은 에너지가 되는 것이다.

아인슈타인은 그의 상대성 이론에서 $E = MC^2$ 즉, 에너
지 = 질량 x 광속^{2}을 밝힌 바 있다. 결국 질량은 에너지 덩어
리이며 에너지는 보이지 않는다. 즉 상은 비상(非相)인 것이
다. 여기서 상은 정신적인 관념도 포함된다. 정신적인 관념
이 실체가 없다함은 다소 이해하기가 수월하다.

우리의 정신작용이 분별지(分別智)에 의한 것이므로 항상
변화가능성을 내포하기 때문이다. 분별지는 망념, 망상일 뿐
실체가 전혀 없다. 즉, 비상이다. 생주이멸(生住異滅)을 쉼없
이 계속한다.

그러면 여기서 상이 비상인 줄을 아는 것이 어떻게 부처님
세계를 들여다 보는 것일까를 살펴보자.

상	비상
(허망한 것)	(허망하지 않은 것 = 여래, 부처님)

여기서 상은 개체적, 개별적이라 볼 수 있고 비상은 전체
적, 우주적이 될 수 있다.

상(형상)	비상(형상이 아님)
산이다	산이 아니다
물이다	물이 아니다
(천차만별상)	(모든 현상이 포함된 허공)
아상, 인상 등의 4상	4상 없음 : 부처님 마음
산이	물이 될 수 있다(물이다)
내가	너가 될 수 있다(너요)
거짓 이름일 뿐(산, 물, 성명)	그냥 존재 뿐
칫간, 정랑, 변소, 화장실, Restroom	우물을 말하는 것이 아님

상이 상 아닌 줄 알면 상 그대로 참이요, 실상이다.

즉, 이름과 상에 속지 않으면 상이 상 아닌 것을 알 것이요, 상이 상 아님을 알면 상 그대로 참인 것을 안다(보시를 할 때 보시했다는 상이 없으면, 보시함의 자체가 바로 참이다). 요약하면 상이면서 상 아니고, 상 아니면서 상인 이치를 안 즉 마음을 잘 다스리고 잘 생활함이 된다. 여기에는 항상 상락아정(常樂我淨)의 부처님 세계가 현현할 뿐이다.

게 송

山是山이요 水是水이니 佛이 在甚麽處오
산은 산이요, 물은 물이니 부처님이 어느 곳에 계시는고

— 冶父 —

報化非眞了妄緣이니
法身淸淨廣無邊이라
千江有水千江月이요
萬里無雲萬里天이로다

보 · 화는 진이 아니라 마침내 망연이니
법신은 청정해 넓어 끝이 없음이라
천강에 물이 있으니 천강에 달이요
만리에 구름 없으니 만리가 하늘이로다

－ 宗 鏡 －

心自本來心
本心非有法
有法有本心
非心非本法

변치않는 그 마음 본래로 있는 마음
변치않는 그 마음은 법에는 속하지 않네
법도 있고 본래 마음도 있음이
마음도 아님이요 법도 아님이로세

－ 優婆鞠多尊子 －

正信希有分 第六
(정신희유분 제육)

正信希有(정신희유)

정신은 바른 믿음, 희유는 거룩하고 귀함의
뜻이다. 우리들이 바른 믿음을 낸다는 것은 여
간한 선근이 아니고서는 안된다. 바른 믿음은
곧 진실한 믿음이다. 이 경에 담긴 뜻이 깊고 오
묘하여 세상의 중생들이 그 참 뜻을 받아들여 그
대로 받들고 믿는 것은 참으로 드문 일이며 귀하
고 거룩한 일이다.

• 본 문 •

1

한 문

須菩提 白佛言하사되 世尊하 頗有衆生이
수보리 백불언   세존   파유중생

得聞如是言說章句하옵고 生實信不잇가
득문여시언설장구   생실신부

佛이 告須菩提하사되 莫作是說하라 如來滅後
불   고수보리   막작시설   여래멸후

後五百歲에 有持戒修福者 於此章句에 能生信
후오백세   유지계수복자 어차장구   능생신

心하야 以此爲實하리니 當知 是人은 不於一佛二佛
심   이차위실   당지 시인   불어일불이불

三四五佛에 而種善根이라 已於無量千萬佛所에
삼사오불   이종선근   이어무량천만불소

種諸善根하야 聞是章句하고 乃至一念生淨信者니라
종제선근   문시장구   내지일념생정신자

正 : 바를 정 信 : 믿을 신 頗 : 자못 파 章 : 글 장 句 : 글귀절 구
莫 : 말 막   後 : 뒤 후   戒 : 타이를 계 修 : 닦을 수 根 : 뿌리 근
萬 : 일만 만 種 : 종류 종 乃 : 이에 내   淨 : 깨끗할 정

한 글

수보리가 부처님께 사뢰었다.

"세존이시여, 중생들이 이와 같은 4구게의 말씀을 듣고 실지로 믿으오리까?"

부처님이 수보리에게 말씀하셨다.

"그런 말 하지 말아라. 내가 육신의 몸을 버리고 진리의 세계로 든 뒤 이천오백년 후에라도 수계하고 복을 닦는 자가 있으면 능히 이 4구게에 신심을 내어 이를 진실한 것으로 여기리라. 마땅히 알라.

이 사람은 한 부처님이나 두 부처님이나 셋, 넷, 다섯 부처님에게서만 선근을 심은 것이 아니라, 이미 한량없는 부처님께 여러 선근을 심었으므로 이 4구게를 듣고 한 생각에 깨끗한 믿음을 내느니라."

해 설

(1) 백불언(白佛言)

백은 아뢴다는 뜻이다. 시중 금강경 번역서에 백불을 흰 부처님으로 번역한 경우가 있는데 이것은 바른 해석이 아니다.

(2) 여시언설장구(如是言說章句)

금강경 사구게를 일컫는다.

금강경 사구게에 대해 좀 더 살펴보면

범소유상(凡所有相)   - 1구
개시허망(皆是虛妄)   - 2구
약견제상비상(若見諸相非相)   - 3구
즉견여래(卽見如來)   - 4구

'무릇 있는 바 상이 다 허망하니 만약 모든 상이 상 아닌 줄 보면 곧 여래를 보리라.'

불교에서 사물을 관찰 할 때에 공(空), 가(假), 중(中)의 삼제(三諦)의 원칙에 따른다.

공(空)의 인식은 모든 현실의 사물을 인연소생(因緣所生)으로 보고 실체가 없음을 아는 일이다.

즉, 모든 것은 잠시 인연에 의해 나타난 현상이다. 전혀 아무 것도 없는 허무와는 다르다. 가(假)는 있는 그대로를 인정하는 태도이다(有). 현재 있는 것 이상의 다른 것은 없다.

중(中)은 모든 사물을 관찰할 때 공인 동시에 유요, 유인 동시에 공인 줄 알아야 한다. 즉, 본질과 현상을 두루두루 알아야 한다(眞空妙有).

공, 가, 중 삼제의 원칙을 4구게에 대비하여 보면 제 1구는 가(유)요, 제 2, 제 3구는 공이요, 제 4구는 중이다.

불교에서의 중도는 바로 공, 유를 자유자재 관찰하는 일이다. 현상을 떠나서 진실이 있을 수 없다. 현상 속에서 자성(自性)이 없는 줄 알 때에 그 속에서 바로 진실 즉, 진리를 보게 된다.

(3) 후오백세(後五百歲)

불교의 변천과정을 크게 다섯 단계로 구분한다. 후오백세는 마지막 단계인 제 5 오백세를 뜻한다(大集經).

구체적으로 살펴보면

(가) 제 1 오백세 : 부처님이 열반에 드신 이후 오백세를 말한다.

해탈견고(解脫堅固)의 시기라 하여 부처님 설법에 누구든 지혜의 눈이 열려 깨달음을 얻는다.

(나) 제 2 오백세 : 부처님의 직접 교화 내지는 그 직제자들의 교화가 멀어지면서 해탈을 얻는 이가 줄어든다. 그러나 정진하는 사람들이 주류를 이루는 시기라 하여 선정견고(禪定堅固)의 시기라 한다.

(다) 제 3 오백세 : 부처님의 말씀이 인쇄술의 발전 등으로 많이 읽혀지는 시기이다. 수많은 대승, 소승 경전이 편찬되어 불교에 대해 아는 이가 많아진다. 그러나 자기 수행 정진을 직접하는 이는 드문 시기로 이 시기를 다문견고(多聞堅固)의 시기라 한다.

(라) 제 4 오백세 : 곳곳에 부처님 도량이 크게 세워지고 탑 또는 큰 부처님을 앞 다투어 모신다. 공부하는 이가 줄어들고 외형 불사에 신경쓴다. 이 시기를 탑사견고(塔寺堅固)의 시기라 한다.

(마) 제 5 오백세 : 후오백세라고도 하며 후오백세 이후 모든 시대를 함께 일컫기도 한다. 절의 재산을 갖고 서로 다투며 스님들이 감투에 신경을 써 싸우며 재가불자들이 기도 정진은 하지 않고 서로 모여 작당하며 패거리를 짓는다. 이 시

기를 투쟁견고(鬪爭堅固)의 시기라 한다.

한편 불교의 변천을 정법, 상법, 말법으로 구분하기도 한다.

- 정법시(正法時) : 부처님 법이 잘 유통되고 신, 해, 행, 증이 원만한 시기이다.
- 상법시(像法時) : 부처님 법이 어느 정도 유통되나 증득되는 사람은 적고 모양만 비슷(像似)한 불교의 시기이다.
- 말법시(末法時) : 부처님의 가르침, 교리는 있으나 진정한 실천자, 보살은 적고 업장이 두터워 정법에 귀의하는 자가 적다.

위의 세 등분의 불교 흐름에 대해서 여러 경전이 그 기간을 달리하고 있으나 정법 오백년, 상법 일천년, 말법 만년으로 보는 것이 타당한 것 같다(현우경, 대비경 등 종합).

(4) 종제선근(種諸善根)

선근이란 착함의 뿌리라고 직역된다. 이 선근은 부처님, 삼보전에 드리는 공양, 기도에서부터 육도중생에 대한 자비행의 모든 보살행이 선근이 된다.

(5) 신심(信心)

반야바라밀의 여러 공덕을 믿음이며, 반야바라밀이 일체 부처님을 출생시키는 줄 믿음이며, 중생 각자의 자신 가운데 불성이 본래 청정하여 더러움이 없는 줄 믿는 믿음이며, 일체 중생이 모든 부처님 세계에 드는 줄 믿는 믿음이다. 또한 사바세계가 정토세계가 되는 줄 믿는 믿음이다.

2

한 문

須菩提야 如來 悉知悉見하나니 是諸衆生이
수보리   여래 실지실견   시제중생

得如是無量福德이니라 何以故오 是諸衆生이
득여시무량복덕   하이고   시제중생

無復我相人相衆生相壽者相하며 無法相하며
무부아상인상중생상수자상   무법상

亦無非法相이니 何以故오 是諸衆生이 若心取相하면
역무비법상   하이고   시제중생   약심취상

卽爲着我人衆生壽者니라 若取法相이라도
즉위착아인중생수자   약취법상

卽着我人衆生壽者니 何以故오 若取非法相이라도
즉착아인중생수자   하이고   약취비법상

卽着我人衆生壽者니라 是故로 不應取法이며 不
즉착아인중생수자   시고   불응취법   불

應取非法이니 以是義故로 如來常說하되 汝等比丘
응취비법   이시의고   여래상설   여등비구

知我說法을 如筏喩者라 하노라 法尙應捨어든 何況
지아설법   여벌유자   법상응사   하황

非法이라
비법

한 글

"수보리야, 여래는 중생들이 깨끗한 믿음을 내는 무량복덕

悉:다 실　取:가질 취　義:옳을 의　常:항상 상　等:무리 등
筏:뗏목 벌　喩:비유할 유　常:항상 상　捨:버릴 사　況:하물며 황

을 얻는 줄을 다 알고 다 보느니라. 왜냐하면 깨끗한 믿음을 낸 중생들은 다시는 자기가 제일이라는 모습(아상)이 없으며 나와 남을 나누어 보는 모습(인상)이 없으며, 재미있고 호감 가는 것 만을 본능적으로 취하는 모습(중생상)이 없으며 영원한 수명을 누려야지 하는 모습(수자상)이 없기 때문이니라.

또한 이들에게는 객관의 대상(법상)도 없으며 대상 아닌 모습(비법상)도 없느니라. 왜냐하면 만일 중생들의 마음에 생각을 가지면 곧 아상, 인상, 중생상, 수자상을 가짐이 되며 만약 법상을 취하더라도 곧 아상, 인상, 중생상, 수자상을 가지게 되느니라.

법 아닌 상을 취하더라도 이는 곧 아상, 인상, 중생상, 수자상을 가지게 되는 셈인데 하물며 법상이랴!

그러므로 마땅히 객관의 대상에도 매이지 말며 대상 아닌 모습에도 매이지 말지니라. 이런 이유로 내가 항상 이르되 나의 설법을 뗏목에 비유하였느니라.

법도 버려야 하는데 하물며 비법에 매여서 되겠느냐."

해 설

(1) 아상인상(我相人相) ~ 법상비법상(法相非法相)

이미 배운대로 인간 또는 중생은 4상(四相)을 가진다. 이 4상은 '나'라는 고집에서 비롯된다 하여 아집(我執)이라 한다. 4상에 대해 좀 더 복습하여 보자.

아 상 : 자기가 제일이라는 생각, 자기 중심적 사고방식

(거만, 오만)

인　상 : 나와 남을 나누어 보는 생각, 자기 중심적 사고방
　　　　식의 외적 확대(차별의식, 무시, 지역감정)

중생상 : 재미있고 호감가는 것만을 본능적으로 취하는 모
　　　　습(낚시, 자연의 파괴)

수자상 : 영원한 수명을 누려야지 하는 모습(뱀, 지렁이를
　　　　먹는 행위)

이 4상은 주관적인 아집인데 반하여 객관의 대상에 대해
집착하는 법집이 있다.

객관의 실체성이 없는 줄 알아야[이를 법무아(法無我)]
4상이 완전히 없어져 부처님 세계에 든다.

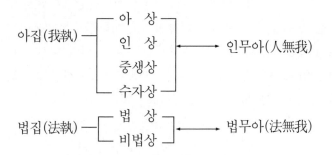

법상은 객관의 대상을 긍정하여 집착함을 말하고 비법상
은 객관의 대상을 부정하여 집착함을 말한다.

강 론

우리들이 바르게 믿는다는 것은 참 고귀한 일이다.

"업장이 두터운 중생들이 4구게의 말씀에 어찌 실다운 믿
음을 내리이까?"

하고 수보리의 질문은 시작된다.

부처님은 일언지하에 수보리의 말문을 막으면서

"계를 지니고 복을 닦는 이가 있다면 - 업의 관성의 법칙에
따라 - 필시 그는 먼 옛날부터 온갖 선근을 심었을 것이므로
깨끗한 믿음을 내리라."

하신다.

즉 4구게의 말씀을 듣고 어떤 중생이 깨끗한 믿음이 생기
면 많은 선근을 심어왔다는 얘기이다.

부처님께서는 무량복덕을 얻으려면 깨끗한 믿음을 내야
한다고 하신다.

부처님께서는 깨끗한 믿음을 내는 중생들을 다 알고 지켜
보신다고 하신다.

깨끗한 믿음이 어떻게 무량복덕과 관계 있는가? 깨끗한
믿음은 무루업(無漏業)이기 때문이다.

무루업은 아집, 법집이 있어서는 안된다.

아집, 법집은 유루업을 낳는다. 무루업은 측량이 불가능하
며 삼세마저 초월하는 무량한 복덕을 짓는다.

아상, 인상, 중생상, 수자상의 아집과 더불어 법상, 비법상
의 법집에 대해 살펴보자.

법상은 객관의 대상 - 그것이 사물이든, 사상이든, 계율이
든 - 에 집착함을 말한다.

이 집착은 바로 아상 등이 있다는 증거이다.

그러면 비법상은 또 왜 그런가?

비법상은 객관의 대상을 없다고 생각하는 극단에 빠진 경우이다.

즉 비법상에 걸리면 부처님 말씀도, 부처님 상호도 모두 부정하게 된다. 부정하는 순간에 아집의 바탕인 사상이 살아난다.

즉, 아집, 법집은 부처님 세계에 들어가는데 모두 장애 요소이다.

특히 법집에서 법상, 비법상의 극단을 떠나 중도의 수행을 해야 한다.

달을 가리키는 손가락을 볼 줄도 알아야 하고 달을 가리키는 손가락을 보아서는 안될 경우도 있다.

그래야 진정 달을 볼 수 있다.

부처님의 49년 설법은 뗏목에 비유된다.

부처님의 살아있는 법문은 스스로 느끼지 않으면 안된다.

설법의 내용에 따르는 보살행을 쉼없이 해야 하며, 쉼없는 기도 정진으로 닫힌 마음의 문을 열어가야 한다.

마음이 완전히 열린 곳에서는 경계, 차별이 있을 수 없다.

가는 곳이 모두 봄꽃 만개한 뜨락이요, 나의 분신이다.

백천 가지 병이 없는데 백천 가지 약은 또 어디 쓸 것인가? 병 없는 세상에 한 가지 약인들 필요할 것인가?

세상의 모든 존재하는 것은 취할 것도 없지만 버려야 할 그 어느 것도 없다.

게 송

金佛은 不度爐하고
木佛은 不度火하고
泥佛은 不度水로다

若能信得家中寶하면
啼鳥山花一樣春이로다

금으로 된 부처님은 용광로를 지나지 못하고
나무로 된 부처님은 불을 지나지 못하고
흙으로 된 부처님은 물을 지나지 못하도다
만약에 능히 자기 가운데 있는 보물을 믿으면
새 지저귐 산의 꽃이 한바탕 봄이로다

得樹攀枝는 未足奇라
懸崖撒手하야
丈夫兒니라

水寒夜 冷魚難覓하니
留得空船 載月歸로다

나무의 가지를 잡음은 기이한 일이 못 됨이라
낭떠러지에서 매달린 손을 놓아야 장부니라
물이 차고 밤이 차니 고기 물지 아니하여
빈 배에 달빛만 가득 싣고 돌아오도다

通達本心法
無法無非法
悟了同未了
無心亦無法

본래 마음법을 통달하였노니
일체의 법과 법 아님이 모조리 없음일래
깨쳤느니 못 깨쳤느니 한 틀 속 이어니
마음도 없음이여 법도 없음이여

− 提多迦尊子 −

※ 참고 : 96쪽에서

何以故 是諸衆生 若心取相
卽爲着我人衆生壽者 若取法相
卽着我人衆生壽者 何以故 若取非法相
卽着我人衆生壽者

시중에서 유통되고 있는 모든 금강경이 何以故의 위치를 若取法相 앞에 놓고 있으나 이는 잘못된 것으로 보인다.
고려대장경, 신수대장경에서는 何以故의 위치를 若取非法相 앞에 놓고 있다.
문맥, 내용으로 보아서도 대장경을 따라야 옳다〔오가해(五家解)의 규봉(圭峰) 스님의 해설도 같은 입장임〕.

無得無說分 第七
(무득무설분 제칠)

無得無說(무득무설)

얻을 것도 없고 말할 것도 없다는 말이다.

즉, 여래가 아뇩다라삼먁삼보리를 얻음이 없으며 여래가 설하신 바가 아무 것도 없다는 말이다.

• 본 문 •

1

한 문

須菩提야 於意云何오 如來 得 阿耨多羅三藐
수보리　어의운하　여래득　아뇩다라삼먁

三菩提 耶아 如來有所說法耶아 須菩提言하사되
삼보리야　여래유소설법야　수보리언

如我解佛所說義컨대 無有定法名 阿耨多羅三藐
여아해불소설의　무유정법명아뇩다라삼먁

三菩提며 亦無有定法如來可說이니 何以故오
삼보리　역무유정법여래가설　하이고

如來 所說法은 皆不可取며 不可說이며 非法이며
여래 소설법　개불가취　불가설　비법

非非法이니 所以者何오 一切賢聖이 皆以無爲法으로
비비법　소이자하　일체현성　개이무위법

而有差別일새니라.
이유차별

耶 : 그런가(의문사) 야　　　解 : 풀 해　　賢 : 어질 현　　聖 : 성인 성

差 : 어긋날 차　　別 : 다를 별

한 글

"수보리야 너는 어떻게 생각하느냐? 여래가 부처님 세계를 얻었다고 생각하느냐? 여래가 설한 법이 있다고 생각하느냐?"

수보리가 아뢰었다.

"제가 부처님의 말씀하신 뜻을 알기로는 부처님 세계라고 이름할 만한 일정한 법이 없으며, 여래께서 설하셨다고 할 만한 일정한 법도 없습니다. 왜냐하오면 여래가 설하신 법은 다 취할 수도 없으며, 다 말할 수도 없으며, 법도 아니고 법 아님도 아니기 때문입니다. 그것은 모든 현인이나 성인들이 다 무위법 가운데 여러 가지 차별이 있는 까닭이옵니다."

해 설

(1) 아뇩다라삼먁삼보리(阿耨多羅三藐三菩提)

앞에서 공부하였지만 다시 복습해보면 고전적으로는 무상정등정각(無上正等正覺)으로 번역된다. 우리말로는 '깨달음'이다. 한편 각(覺)은 불(佛)의 번역이므로 부처님 세계라고 표현할 수 있다.

(2) 무유정법 명아뇩다라삼먁삼보리
(無有定法 名阿耨多羅三藐三菩提)

두 가지로 해석할 수 있다. 첫째는 일정한 법이 있지 않음을 아뇩다라삼먁삼보리라 한다. 둘째는 아뇩다라삼먁삼보리

라고 이름할 만한 일정한 법이 없다(산스크리트어와 동일의
미). 전체 문맥상 의미로 보아서 둘째의 의미가 확연하다.

(3) 무위법(無爲法;Asamskrta-dharma)

무위법은 유위법(有爲法;Samskrta-dharma)의 상대개념
으로 쓰여진다. 유위법이 조작되고 만들어진 법이라면 무위
법은 유위법의 그 속에 숨겨진 존재의 근원으로서의 그 무엇
을 의미한다. 허공이니, 열반이니, 진여니 하는 표현을 빌리
기도 하나 실은 말을 용납치 않는다.

(4) 현성(賢聖)

현인과 성인을 말한다. 불법을 닦아 점차로 올라가는 지위
를 일컫는다. 현(賢)은 선(善)에 화하여 악에서 벗어났으나
아직 번뇌를 여읜 무루지(無漏智)를 내지 못한 범부라 말하
고, 성(聖)은 무루지를 내어서 진리를 깨닫고 미혹을 끊어
범부의 성품을 버린 이를 말한다. 이 현성의 구별은 여러 가
지가 있으되 대략 4가지로 표현된다.

(가) 성문(聲聞) : 음성을 듣고 수행하는 사람. 가르치는
소리를 듣고서야 비로소 수행 정진하여 깨달음을 얻는다. 혼
자 법락을 누리며 산다.

(나) 독각(獨覺) : 또는 연각(緣覺)이라고도 한다. 혼자 발
심하여 혼자의 힘으로 우주만물을 바르게 보는 지견을 얻는
다. 물론 타인에게 가르침을 설하는 법이 없다(自利만 있다).

(다) 보살(菩薩) : 성문, 연각이 혼자만의 삶을 사는데 반
해 보살은 남도 생각하는 마음을 갖는다. 적극적으로 세상을

살면서 이웃과 함께 한다.

(라) 불(佛) : 보살의 자리리타(自利利他)적 행이 자못 상
(相)을 일으킬 수 있으나 불의 경지는 이것마저 완전히 떠난
다. 성문, 연각, 보살을 3승(三乘)이라 한다.

강 론

제 7분은 금강경 의미상 많은 의문을 주는 듯하다. 여래는
당연히 아뇩다라삼먁삼보리(＝부처님 세계에 듦, 깨달음)를
얻음에도 불구하고 여기서는 그렇지 않다고 말한다. 뿐만 아
니라 우리 중생들에게 많은 법문을 내어놓고도 설하신 바가
없다고 말한다.

왜 그런고하는 이유에 대해서 여래께서 말씀하신 법은 잡
을 수도, 말할 수도 없기 때문이라 한다. 아뇩다라삼먁삼보
리를 얻는다함은 위의 제 6분에서 법과 비법을 다 버리라는
말씀과는 무슨 관계가 있겠는가? 법과 비법을 버리면 아뇩
다라삼먁삼보리는 자연히 드러나는 것이지 얻는 것이 아니
다.

즉, 어둠이 물러가고 밝은 광명이 오는 것이 아니다. 어둠
그 공간 자체가 밝은 광명이 되는 것이다.

한편 우리들은 여기서 부처님 세계라고 이름할 만한 일정
한 법이 없다고 하는데도 많은 의미가 있다. 부처님 세계(아
뇩다라삼먁삼보리)는 중생 각자에 따라 인식되어지며 새롭
게 창조되어지는 것이지 딱 여기서부터 부처님 세계다. 이것

이 부처님 세계다 하고 정해진 것은 아니다. 기도, 정진하면
할수록 새로운 깨달음, 새로운 부처님 가피는 오는 것이다.

또한 설하신 일정한 법이 없다함은 모두가 방편설이기 때
문이다. 부처님은 맑은 거울과 같다. 부처님이란 맑은 거울
에는 온 우리 중생의 모습이 그대로 각각 비추어진다. 거울
은 본래 그 자체로는 어떤 형상도 취하고 있지 않는 것처럼
부처님은 본래 그 자체로는 뭐라고 말해야 할 일정한 법이
없는 것이다. 부처님이라고 하는 거울에 제각기 중생이 비추
어져 요란한 소리를 내지만 제각각 중생이 없으면 법문도 없
으니 설하신 일정한 법은 없는 것이다.

무위의 법은 둥근 달로 하나인데 보는 이에 따라 울기도
하고 웃기도 하는 것이다. 진리 자체, 무위의 법 자체는 여
여부동하다. 또한 부처님 말씀은 바로 무위의 법이다. 그래
서 법이 아님도 아니다.

게 송

正人이 說邪法하면
邪法이 悉歸正이요
邪人이 說正法하면
正法이 悉歸邪라
江北成枳江南橘이여
春來에 都放一般花로다

바른 사람이 삿된 법을 설하면
삿된 법이 모두 정법으로 돌아오고
삿된 사람이 정법을 설하면
정법이 모두 삿된 법으로 돌아감이라
강북에 탱자가 되고 강남에 귤이 됨이여
봄이 오매 모두가 한 가지 꽃이로다

- 冶 父 -

無心無可得
說得不名法
若了心非心
始解心心法

마음을 비움이여 얻을 것 도시 없네
명상(名相)의 법 아님을 설득하노니
만약 마음이 마음 아님을 요달한다면
비로소 마음의 법을 마음으로 알리라

- 彌遮迦尊子 -

依法出生分 第八
(의법출생분 제팔)

依法出生(의법출생)

이 법에 의지해서 모든 법이 나온다는 말이다. 즉 일체의 모든 부처님과 부처님께서 말씀하신 아뇩다라삼먁삼보리법이 다 이 금강경에서 나온다는 본문 내용에 근거하고 있다.

· 본 문 ·

1

한 문

須菩提_야 於意云何_오 若人_이 滿三千大千世界七
수보리   어의운하   약인   만삼천대천세계칠

寶_로 以用布施_{하면} 是人_의 所得福德_이 寧爲多不_아
보   이용보시   시인   소득복덕   영위다부

須菩提言_{하사되} 甚多_{니이다} 世尊_하 何以故_오 是福
수보리언   심다   세존   하이고   시복

德_이 卽非福德性_{일새} 是故_로 如來說福德多_{니이다}
덕   즉비복덕성   시고   여래설복덕다

若復有人_이 於此經中_에 受持乃至四句偈等_{하야}
약부유인   어차경중   수지내지사구게등

爲他人說_{하면} 其福_이 勝彼_{하리니} 何以故_오 須菩
위타인설   기복   승피   하이고   수보

提_야 一切諸佛_과 及諸佛 阿耨多羅三藐三菩提
리   일체제불   급제불 아뇩다라삼먁삼보리

法_이 皆從此經出_{이니라} 須菩提_야 所謂佛法者_는
법   개종차경출   수보리   소위불법자

卽非佛法_{이니라}
즉비불법

한 글

"수보리야, 어떻게 생각하느냐? 만약 어떤 사람이 삼천대천세계에 칠보를 가득히 쌓아서 보시를 한다면 이 사람의 지은 복덕이 많지 않겠느냐?"

수보리가 대답하였다.

"매우 많겠습니다. 세존이시여! 왜냐하면 이 복덕은 참다운 복덕의 성질이 아니기 때문에 여래께서 복덕이 많다 하셨습니다."

"만약 또 어떤 사람이 이 경 가운데서 4구게 만이라도 받아 지니고 다른 사람을 위하여 말하여 주면 그 복덕은 저 칠보를 보시한 복덕보다 더 나으리니, 왜냐하면 일체의 모든 부처님과 모든 부처님의 아뇩다라삼먁삼보리법이 모두 이 경에서 나왔기 때문이니라. 수보리야, 불법이라는 것은 곧 불법이 아니니라."

해 설

(1) 칠보(七寶)

일곱가지 보배로 귀하며 아름답고 값이 비싼 물건이다.
금, 은, 유리, 자거, 마노, 산호, 진주를 말한다.

七 : 일곱 칠　　寶 : 보배 보　　寧 : 편안할 녕, 어찌 녕　　　甚 : 심할 심
受 : 받을 수　　偈 : 게송 게　　他 : 다를 타

(2) 삼천대천세계(三千大千世界)

한 부처님의 감화가 미치는 세계를 말하는데 여러 고전적인 해석을 떠나서 간단히 설명하면, 지구 같은 한 개의 별을 한 세계라 한다.

한 세계가 일천 개 모이면 일소천(一小千) 세계가 되고, 일소천 세계가 일천 개 모이면 일중천(一中天) 세계가 되고, 일중천 세계가 일천 개 모이면 일대천(一大千) 세계가 된다.

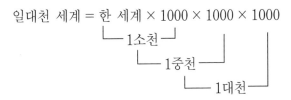

일대천 세계 = 한 세계 × 1000 × 1000 × 1000

이 일대천 세계를 삼천대천(三千大千) 세계라 한다.

강 론

위 대목 제 7분에서 불법은 말할 수도, 취할 수도 없다고 하였으나 여기 제 8분에서는 다시 아주 공한 것이 아니라고 역설한다.

심지어 금강경 4구게만이라도 받아지니고 다른 사람을 위해 말해주면 삼천대천세계에 칠보를 가득히 쌓아서 보시함보다 그 복덕이 크다 하였다.

불교 논리의 독특성을 잘 드러내고 있다(변증법이라고 함). 부정, 긍정을 되풀이하면서 유(有), 무(無)에 집착하는 중생심을 부처님 세계로 끌어올리고 있는 것이다.

여기에서 칠보를 쌓아 보시한 복덕은 얼마인가? 우리 중생들이 보았을 때는 많을 수밖에 없다.

즉 세속의 언어(이를 世俗諦라고 한다)로는 많은 것이다.

중생들은 상대적 개념을 떠올려, 자기 분상에서 많다고 느끼는 것이다. 그런데 진리적 입장(이를 勝義諦라고 한다)에서는 많다, 적다를 논할 수 없다.

그래서 비복덕성이라 한 것이다.

복덕성이란 진짜 복의 성질 즉, 영원히 새지 않는 무루복덕의 성질을 말하고 있다.

무루복덕은 영원한 진리의 길목에서 성취되는 복덕이다.

무루복덕은 진짜 복덕이며 세속의 재물 명예가 문제되지 않는다.

내적인 법열의 충만감을 안겨주며 중생에 대한 한없는 비원(悲願)을 일으킨다.

내 마음을 완전히 비우고 기도, 정진하면 아뇩다라삼먁삼보리 즉, 부처님의 세계는 끝없이 전개되며 유루복쯤은 저절로 갖추어지게 되는 것이다.

여기 금강경은 일체의 모든 부처님을 출생시키는 원리를 간직하고 있다.

부처님 세계에 드는 방법을 끝없는 애정으로 채찍질하고 있는 것이다.

이 금강경은 모든 이로 하여금 집착없는 삶을 살게 하고, 온 우주 속에서 주인된 삶을 살게 하기 때문에 칠보로 보시하는 복덕보다 크다 하겠다.

결국 재보시(財布施)보다 법보시(法布施)가 중요하다.

한편 불법(佛法)을 이야기하면서 불법이란 모양을 정하면 진짜 불법은 아니다.

제 7분에서 불법이라고 이름할 만한 일정한 불법이 없다고 한 것을 생각해 보자.

불법이라고 하는 언어 등에 매여서는 안된다.

항상 깨어있는 지성, 살아 움직이는 눈을 가져야 한다.

무주상보시의 공덕이 크다 하여 이름을 안 밝혀가면서 속으로는 또 다른 기대를 하면 그 또한 무주상보시가 아니요, 이름을 밝히더라도 기대감을 갖지 않으면 무주상보시가 되는 것이다.

법이다, 진리다 하는 그 말의 근원으로 돌아가자.

게 송

佛法非法이여

能從能奪이라

有放有收하여

有生有殺이로다

眉間에 常放白豪光이어늘

癡人은 猶待問菩薩이로다

불법이 법이 아님이여 능히 부추기고 능히 빼앗는지라

놓음도 있고 거둠도 있으며 살림도 있고 죽임도 있도다

미간에 늘 백호광을 놓거늘
어리석은 자는 오히려 보살께 물음을 기다리도다

- 冶 父 -

心同虛空界
示等虛空法
證得虛空時
無是無非法

마음이 허공과 같음이여
허공과 같은 법을 보임이로다
허공과 같은 이치를 증득할 때에
없다는 법이 법 아님이 없으리라

- 婆須密尊子 -

一相無相分 第九
(일상무상분 제구)

一相無相(일상무상)

　모든 모양은 상대적 개념을 떠난 즉 크다, 멀다 등의 분별을 떠난 곳에서 한 모양(一相)이 된다. 어느 정신적 경지에 올랐다 하더라도 올랐다는 상이 있으면 이미 한 모양이 아니다.
만법이 모두 하나인데 스스로 분별을 짓는다.
하나의 모양으로 돌아가는 것은 곧 아무 모양을 짓지 않는다는 의미가 된다. 즉 무상(無相)이 된다.

• 본 문 •

1

한 문

須菩提야 於意云何오 須陀洹이 能作是念하되
수보리　어의운하　수다원　능작시념

我得須陀洹果不아 須菩提言하사되 不也니이다 世
아득수다원과부　수보리언　　불야　　세

尊하 何以故오 須陀洹은 名爲入流로되 而無所入이니
존　하이고　수다원　명위입류　　이무소입

不入色聲香味觸法일새 是名須陀洹이니이다
불입색성향미촉법　시명수다원

須菩提야 於意云何오 斯陀含이 能作是念하되
수보리　어의운하　사다함　능작시념

我得斯陀含果不아 須菩提言하사되 不也니이다
아득사다함과부　수보리언　불야

世尊하 何以故오 斯陀含은 名一往來로되
세존　하이고　사다함　명일왕래

而實無往來일새 是名斯陀含이니이다
이실무왕래　시명사다함

須菩提_야 於意云何_오 阿那含_이 能作是念_{하되}
수보리   어의운하   아나함   능작시념

我得阿那含果不_아 須菩提言_{하사되} 不也_{니이다} 世尊_하
아득아나함과부   수보리언   불야   세존

何以故_오 阿那含_은 名爲不來_{로되} 而實無不來_{일새}
하이고   아나함   명위불래   이실무불래

是故_로 名阿那含_{이니이다}
시고   명아나함

한 글

"수보리야, 어떻게 생각하느냐?

수다원이 능히 '내가 수다원과를 얻었다'는 생각을 가지겠는가?"

수보리가 사뢰었다.

"아니옵니다. 세존이시여, 왜냐하면 수다원은 성인의 류에 든다는 말이오나 실로는 들어간 바가 없습니다. 형상이나 소리, 냄새, 맛, 닿임, 법에 물들지 아니한 까닭에 이름을 수다원이라 할 뿐입니다."

"수보리야, 어떻게 생각하느냐?

사다함이 능히 '내가 사다함과를 얻었다'는 생각을 가지겠느냐?"

수보리가 사뢰었다.

"아니옵니다. 세존이시여, 왜냐하면 사다함은 한번 갔다온다는 말이오나 실로는 가고 옴이 없을 새, 이름을 사다함이

陀:험할 타   洹:흐를 원   斯:이 사   含:머금을 함   那:어찌 나

라 합니다."

"수보리야, 어떻게 생각하느냐?

아나함이 능히 '내가 아나함과를 얻었다'는 생각을 가지겠느냐?"

수보리가 사뢰었다.

"아니옵니다. 세존이시여, 왜냐하면 아나함은 갔다 오지 않는다는 말이오나 실로는 오지 않음이 없을 새, 이름을 아나함이라 하옵니다."

해 설

(1) 수다원(須陀洹)

수다원은 성문 4과 중 첫 단계이다.

성문이란, 앞에서 살핀 바와 같이 4성제 등의 법문을 통해 깨달음을 이루는 부류이다. 수다원은 입류(入流)라 한다. 즉, 성인의 부류에 처음으로 들어왔다는 말이다. 성인의 부류에 처음 들어갈려면 육진(六塵)이라는 객관의 세계에 끄달려서는 안된다. 객관의 세계에 집착하는 마음이 있어서는 안된다. 이런 경지에 든 사람을 세속제에 따라 수다원이라 할 뿐이다.

(2) 색, 성, 향, 미, 촉, 법(色, 聲, 香, 味, 觸, 法)

객관의 세계를 통칭하는 말이다. 즉, 색은 형상, 성은 소리, 향은 냄새, 미는 맛, 촉은 촉감의 대상, 법은 의식으로 상상할 수 있는 대상이다. 이를 6진(六塵)이라 하는데 여섯 가지 티끌이란 뜻이다. 6경(六境)이란 표현을 많이 쓴다.

(3) 사다함(斯陀含)

사다함은 성문 4과 중 제 2단계이다. 한 번 갔다 온다의 의미로 일왕래(一往來)라 한다. 이 과위에 오르면 한 번만 더 갔다 온 후 열반에 이르른다. 즉, 사다함은 하늘이나 인간세계에 한 번만 더 태어나서 깨닫고, 그 다음에는 열반에 든다. 이 성문 4과가 있게 됨은 번뇌의 두텁고 엷음에 있다. 번뇌에는 탐내는 마음(貪), 성내는 마음(瞋), 어리석은 마음(癡), 교만의 마음(慢), 의심의 마음(疑) 등 다섯가지 무거운 번뇌(이를 五鈍使라 함)와 자기 몸의 무상함을 알지 못하고 내가 있다는 잘못된 소견(身見), 사람이 죽으면 그만이다, 혹은 영원불멸하리라고 집착하는 잘못된 소견(邊見), 정법의 진리를 모르는 삿된 소견(邪見), 이상 세 가지 소견을 옳다고 집착하는 소견(見取見), 열반에 이르는 진실한 진리가 금지하는 계율 자체라고 생각하며 집착하는 소견(戒禁取見)의 다섯가지 가벼운 번뇌(이를 五利使라 함)가 있다.

(4) 아나함(阿那含)

아나함은 성문 4과중 제 3단계이다.

인간세상에 다시 오지 않는다는 뜻으로 불래(不來)라 한다.

일생 동안에 번뇌의 상당 부분을 끊어 아나함이 되고서 색계(色界)에 태어난다.

2

한 문

須菩提_야 於意云何_오 阿羅漢_이 能作是念_{하되}
수보리   어의운하   아라한   능작시념

我得阿羅漢道不_아 須菩提言_{하사되} 不也_{니이다}
아득아라한도부   수보리언   불야

世尊_하 何以故_오 實無有法 名阿羅漢_{이니}
세존   하이고   실무유법 명아라한

世尊_하 若阿羅漢_이 作是念_{하되}
세존   약아라한   작시념

我得阿羅漢道_{라하면}
아득아라한도

卽爲着我人衆生壽者_{니이다.}
즉위착아인중생수자

世尊_하 佛說我得無諍三昧人中_에 最爲第一_{이라}
세존   불설아득무쟁삼매인중   최위제일

是第一離欲阿羅漢_{이라하시다}
시제일이욕아라한

世尊_하 我不作是念_{하되} 我是離欲阿羅漢_{이라하노이다}
세존   아부작시념   아시이욕아라한

世尊_하 我若作是念_{하되} 我得阿羅漢道_{라하면}
세존   아약작시념   아득아라한도

世尊_이 卽不說須菩提 是樂阿蘭那行者_{라하시려니}
세존   즉불설수보리 시요아란나행자

以須菩提 實無所行_{일새}
이수보리 실무소행

而名須菩提 是樂阿蘭那行_{이라하시나이다}
이명수보리 시요아란나행

漢:한나라 한 道:길 도   離:떠날 리   蘭:난초 난

한 글

"수보리야, 어떻게 생각하느냐?

아라한이 능히 '내가 아라한과를 얻었다'는 생각을 가지겠느냐?"

수보리가 사뢰었다.

"아니옵니다. 세존이시여, 왜냐하면 실로는 법이 있지 않는 까닭에 아라한이라 이름할 뿐입니다. 세존이시여, 만약 아라한이 '내가 아라한과를 얻었다'하면 곧 아상, 인상, 중생상, 수자상에 걸리기 때문입니다.

세존이시여, 부처님께서는 제가 번뇌와의 다툼을 여읜 삼매를 얻은 사람 가운데에서 가장 제일이라 하셨습니다. 이는 욕심을 떠난 아라한 가운데 제일이라는 말씀이오나 세존이시여, 저는 '내가 욕심을 떠난 아라한이다'하는 생각을 갖지 않습니다. 세존이시여, 제가 만약 아라한도를 얻었다는 생각을 가졌다면 세존께서는 '수보리가 아란나행을 좋아하는 자'라고 말씀하시지 않았을 것이오니, 실은 제가 그러지 않았으므로 '수보리는 아란나행을 좋아한다'고 하셨습니다."

해 설

(1) 아라한(阿羅漢)

아라한은 성문의 마지막 지위이다.

아라한은 무적(無賊)이라고도 하는데 무적이란 앞에서 살핀 번뇌의 도적이 아주 없어졌다는 뜻이다. 아라한은 인, 천의 공양에 응한다 하여 응공(應供)이라고도 하며, 태어나지 않는다 하여 불생(不生)이라고도 한다.

(2) 무쟁삼매(無諍三昧)

다툼이 없는 삼매, 즉 번뇌와의 다툼이 없음을 뜻한다. 산란하고 어지러운 마음이 없어 항상 망령된 생각을 떠나 있다. 분별, 갈등의 마음이 없으며 번뇌가 없는 무아의 상태를 말한다.

(3) 아란나(阿蘭那;Arana)행

무쟁삼매에 들어가는 수행을 말한다. 아란나는 적정처(寂靜處), 무쟁처(無諍處)의 장소이다. 이런 조용한 곳에서 일체의 욕망과 번뇌를 버리는 수행을 아란나행이라 한다.

만일 얻음이 있으면 마음의 다툼이 있고 마음 속 다툼이 있으면 청정한 길이 못된다. 얻음이 없는 마음을 행하는 것이 다툼이 없는 행이다.

강 론

본 9분은 성문, 연각, 보살의 3승 중 성문만을 열거하면서 이야기가 전개된다. 성문을 예로 든 것은 계층을 분간하기가 좀 쉬운 것 뿐이지 다른 이유는 없는 것 같다. 한편 성문 가운데서 즉 수다원, 사다함, 아나함, 아라한 등의 구별은 옛부터 복잡한 이론을 전개시켜 구구한 설명을 달고, 구분의 선을 정하려 하나 이 또한 무의미한 작업이다. 또한 성문 4과 순서대로 그 수행의 진척이 있는 것은 더욱 아니다.

각 경전은 수행의 계위를 나름대로 말하고 있으나 이는 매우 추상적이라고 할 수밖에 없다. 12층 아파트를 오르는 데는 여러 방법이 있을 수 있다는 점을 생각하자.

이 성문 4과를 인도의 전통 수행절차로 생각해 볼 수도 있다. 즉, 청년기에는 출가하여(수다원) 시일이 지나 한 번 집에 갔다 와야 할 시간(사다함)이 된다. 그런 후 집에서 장년기를 보내고 인생 후반에 재출가하여 다시는 집에 돌아가지 않는다(아나함). 그런 후 인, 천의 존경을 받는 스승이 된다(아라한).

온 우주는 한 덩어리이다. 꿈꾸는 자는 하늘에 구름이 오고간다 말하지만 하늘 가운데 오가는 모든 것은 오고감이 있을 수 없다. 그 모두가 하나인 것을……

세상에서 성취하는 것은 성취한다는 착각일 뿐, 본래 있던 것이었다. 세상이 본래 하나인데 그 세상에 놓여진 사람들이 분별을 일으킬 뿐이다. 진실로 세상을 잘 사는 사람은 열심히 살 뿐 그 자신이 남을 의식하지 않는다. 의식하지 않으나 남을 여의지도 않는다.

아라한이 도를 얻었다는 마음이 있으면 다툼이 있게 된다. 즉, 번뇌의 다툼이다. 이 사람은 말로는 아라한이나 그 순간부터 아라한이 못된다. 아라한은 객관의 법의 실체가 없음을 안다. 법의 실체가 있는 줄을 착각하고 그 어떤 법을 아라한이 얻는다고 생각해 보자. 아라한은 곧 자신이 얻은 것이요, 얻어진 법이 있으니 자신의 주관, 법의 객관이란 상대가 생

겨난다. 이 때 이미 절대 무한의 경지와는 단절되고 아상, 인상, 중생상, 수자상의 4상산(四相山)이 앞길을 막고 선다.

우리는 실로 행하는 바 없이 행해야 한다. 무쟁삼매는 마음에 얻은 바가 없을 때 얻어지는 경지이다. 성문 4과는 주위에서 붙여주는 이름일 뿐 자신이 좋아하는 이름은 아니다. 불자는 스스로 중생이라 비하하지 않으며, 또한 닦은 바가 있다 하여 우쭐대지도 않는다. 그러나 주위 사람들은 그를 보살이라 부른다.

게 송

蚌腹에 隱明珠하고
石中에 藏碧玉이라
有麝自然香이니
何用當風立이리요
活計看來恰似無나
應同頭頭皆具足이로다

조개 속에 밝은 구슬 숨어 있고
돌 가운데 푸른 옥 감춰져 있네
사슴의 향이 자연히 향기롭나니
어찌 굳이 바람 앞에 서리요
살림살이가 아무 것도 없는 것처럼 보아왔으나
응해서 쓰는 데는 낱낱이 다 구족함이로다

- 冶父 -

果位聲聞이 獨善身하고
寂然常定이 本非眞이라
廻心頓入 如來海하야
倒駕慈航逆渡人이로다

성문의 지위를 얻은 이는 홀로 몸을 좋게 하나
적연이 항상 고요함이 본래 참됨이 아님이라
마음을 돌이켜 몰록 여래의 바다에 들어서서
거꾸로 자비의 배를 타고 건너는 사람을 맞이할지라

                                    - 宗 鏡 -

虛空無內外
心法亦如此
若了虛空故
是達眞如理

허공은 안과 밖이 모두 없느니
마음과 법도 또한 이와 같은 것
만약에 허공과 같은 이치 깨닫는다면
부처가 거기 있음 바로 보리라

                              - 佛陀難提尊子 -

莊嚴淨土分 第十
(장엄정토분 제십)

莊嚴淨土(장엄정토)

정토란 불국토, 부처님 세계를 말하며 장엄이란 아름답고 좋게 꾸민다는 말이다. 즉, 장엄정토란 부처님 세계를 꾸민다는 뜻이다.

장엄을 하는 데는 형상적으로 하는 방법이 있고 형상 아닌 정신적으로 하는 방법이 있다. 곧 절을 짓고, 단청하고 탑을 쌓는 등의 물질적인 모양의 장엄이 있고 마음을 맑고 깨끗이 하여 생각마다 언제나 부처님 마음이 가득한, 모양으로는 잡을 수 없는 정신적 장엄이 있다. 전자를 형상장엄, 후자를 제일의상장엄이라 한다.

· 본 문 ·

1

한 문

佛告須菩提_{하사되} 於意云何_오 如來昔在燃燈佛
불 고 수 보 리　　어 의 운 하　　여 래 석 재 연 등 불

所_{하야} 於法_에 有所得不_아 不也_{니이다} 世尊_하
소　　어 법　유 소 득 부　불 야　　세 존

如來在燃燈佛所_{하사} 於法_에 實無所得_{이니이다}
여 래 재 연 등 불 소　　어 법　　실 무 소 득

須菩提_야 於意云何_오 菩薩_이 莊嚴佛土不_아
수 보 리　　어 의 운 하　보 살　장 엄 불 토 부

不也_{니이다} 世尊_하 何以故_오
불 야　　세 존　하 이 고

莊嚴佛土者_는 即非莊嚴_{일새} 是名莊嚴_{이니이다}
장 엄 불 토 자　즉 비 장 엄　시 명 장 엄

是故_로 須菩提_야 諸菩薩摩訶薩_이
시 고　　수 보 리　제 보 살 마 하 살

應如是生淸淨心_{이니} 不應住色生心_{하며}
응 여 시 생 청 정 심　불 응 주 색 생 심

不應住聲香味觸法生心이요
불 응 주 성 향 미 촉 법 생 심

應無所住하여 而生其心이니라
응 무 소 주　　이 생 기 심

한 글

부처님께서 말씀하셨다.

"수보리야, 어떻게 생각하느냐? 여래가 옛적에 연등 부처님 처소에서 법을 얻은 바가 있다고 생각하느냐?"

"아니옵니다, 세존이시여. 여래가 연등 부처님 처소에 계실 적에 실로 법을 얻은 바가 없습니다."

"수보리야, 어떻게 생각하느냐? 보살들이 불국토(佛國土)를 장엄한다고 생각하느냐?"

"아니옵니다, 세존이시여. 왜냐하면 불국토를 장엄한다는 것은 곧 장엄이 아니므로 장엄이라 이름하나이다."

"그러므로 수보리야, 모든 대보살들은 꼭 다음과 같이 청정한 마음을 낼지니 즉, 형상에 머물러서 마음을 내지도 말고, 소리·냄새·맛·닿임·법에 머물러서 마음을 내지도 말아야 하나니 마땅히 아무데도 집착하는 바 없이 그 마음을 낼지어다."

莊 : 씩씩할 장, 장엄할 장　　嚴 : 엄할 엄　　土 : 흙 토　　昔 : 예 석
燃 : 불탈 연　　燈 : 등불 등　　譬 : 비유할 비　　彌 : 그칠 미

해 설

(1) 연등불(dipakara-buddha)

과거의 부처님으로서 석가모니 부처님 이전에 계신 24불 중의 한 분이시다. 연등 부처님은 먼 옛날 백천만억의 부처님께 공양을 올리고 마침내 부처님이 되었다.

연화국(蓮華國)에서 태어날 때 온몸이 등불과 같아서 연등(燃燈)이라는 이름을 얻었는데 출가하여 부처님이 된 것이다.

이 연등 부처님이 사바세계를 교화하시고 계실 때에 선혜(善慧)라는 보살이 있어 꽃 공양을 올렸다. 그리고 연등 부처님이 진흙탕 길을 지나가실 때에는 자기 옷을 벗어 밟으시게 하였다.

그것도 좀 부족하자 자기의 머리를 풀어 펴 밟고 지나가시도록 하였다. 이 공덕으로 선혜보살은 먼 후일(91겁) 석가모니불이 되리라는 수기를 받았다. 수기(授記)란 부처가 되리라는 예언을 말한다.

(2) 응무소주 이생기심(應無所住 而生其心)

응당 머무는 바 없이 그 마음을 내라는 말은 일체의 상을 떠난 청정한 마음을 쓰라는 뜻이다. 이는 바로 평등한 자비심을 행하여 일체 중생을 공경하는 일이다. 만일 맑고 깨끗한 곳에라도 애착하여 마음의 머무름이 있다면 이 또한 상에 집착함이 된다(法相이라 함). 더욱이 조건과 이유를 붙이면 안된다.

현재 우리 불교가 금강경을 소의경전(所依經典) 즉, 주로
의지하는 경전으로 삼는 데는 이 구절에 연유하는 바가 크
다. 5조 홍인대사의 문하에 들어가기 전에 6조 혜능대사는
이 구절에서 크게 발심하여 출가를 결행하였던 것이다. 자세
한 이야기는 뒤에 하기로 한다.

여기서 우리 불교의 법맥을 간단히 고찰하면, 부처님이 입
멸하신 후에 초조(初祖)는 가섭존자가 되었다. 제 2조는 아
난이었으며 이렇게 28대까지는 인도스님으로써 그 법이 사
자전승(師資傳承)되었다.

28대 조사(祖師)는 우리들이 잘 아는 달마스님이다. 달마
스님은 중국에 오셔서 중국 선종의 초조가 되었다. 달마스님
은 후학들에 의해 '왜 스님은 서쪽에서 오셨을까?'하는 화두
의 주인공으로까지 등장하게 되었다. 달마스님은 그 법을 혜
가(慧可)스님에게 전하여 중국 선종의 제 2조가 되니 인도에
서부터 계산하면 제 29조가 되는 셈이다.

조당집(祖堂集)에 근거한 전보(傳譜)는 다음과 같다.

마하가섭 (제 1대 조사)
아   난 (제 2대 조사)
상나화수 (제 3대 조사)
우바국다 (제 4대 조사)
제 다 가 (제 5대 조사)
미 차 가 (제 6대 조사)
바 수 밀 (제 7대 조사)
불타난제 (제 8대 조사)

복타밀다 (제 9대 조사)

협   (제 10대 조사)

부나야사 (제 11대 조사)

마   명 (제 12대 조사)

가비마라 (제 13대 조사)

용   수 (제 14대 조사)

가나제바 (제 15대 조사)

라후라다 (제 16대 조사)

승가난제 (제 17대 조사)

가야사다 (제 18대 조사)

구마라다 (제 19대 조사)

사 야 다 (제 20대 조사)

바수반두 (제 21대 조사)

마 나 라 (제 22대 조사)

학 륵 나 (제 23대 조사)

사   자 (제 24대 조사)

바사사다 (제 25대 조사)

불여밀다 (제 26대 조사)

반야다라 (제 27대 조사)

보리달마 (제 28대 조사)——————— 중국 선종의 초조

혜가(慧可)(제 29대 조사)——————— 중국 선종의 2조

승찬(僧璨)(제 30대 조사)——————— 중국 선종의 3조

도신(道信)(제 31대 조사)——————— 중국 선종의 4조

홍인(弘忍)(제 32대 조사)——————— 중국 선종의 5조

혜능(慧能)(제 33대 조사)——————— 중국 선종의 6조

2

한 문

須菩提_야 譬如有人_이 身如須彌山王_{하면}
수보리   비여유인   신여수미산왕

於意云何_오 是身_이 爲大不_아 須菩提言_{하사되}
어의운하   시신   위대부   수보리언

甚大_{니이다}
심대

世尊_하 何以故_오 佛說非身_이 是名大身_{이니이다}
세존   하이고   불설비신   시명대신

한 글

"수보리야, 비유컨대 어떤 사람의 몸이 수미산왕만 하다면 어떻게 생각하느냐? 몸이 크다고 하겠느냐?"

수보리가 말씀드리기를

"매우 크옵니다, 세존이시여. 왜냐하면 부처님께서 참다운 진리적 몸이 아닌 몸을 말씀하시기 때문에 큰 몸이라 이름하신 것이옵니다."

해 설

(1) 수미산왕(須彌山王)

인도의 신화적 우주관에서 말하는 산인데, 세계의 중심에 큰 산이 있어 모든 산 중의 산이 된다. 그래서 산왕이 되는 것이다. 여기서 수미산왕은 사람이 생각하는 가장 큰 산을 말한다. 수미산왕 만큼 몸이 크다고 하면 그 몸은 대단히 큰 몸이지만 이는 유한의 크기이므로 무한한 청정심의 몸인 법신(法身)에 비교하면 아무것도 아니다. 부처님의 존재 본질로서의 몸은 너무 오묘하며 광대무변해서 크다는 말을 붙일 수가 없다.

정토를 장엄하는 데는 물질을 장엄하는 형상장엄보다 마음의 본 바탕을 장엄하는 제일의상장엄(第一義相莊嚴)이 말할 수 없이 더 수승함을 역설적으로 나타내고 있다.

강 론

여기 장엄정토분에서는 앞 분의 무득무설분(無得無說分)에서 여래가 설한 법은 취할 수도 없고 말할 수도 없다라는 말씀에 대한 의심을 끊어주기 위해 설하신 대목이다.

옛날 연등불 회상에서 석가모니 부처님께서 법을 듣고 그 법을 취한게 아니냐는 보통 세인들의 생각에 대해 장엄이라는 특이한 상황을 도입시켜 그 문제를 풀고 있다.

즉, 진짜 장엄은 본래로 청정하고 번뇌 없음을 회복해 가는 일이므로 우리들이 보통 인식하는 장엄은 아닌 것이다.

불국토를 장엄하는 것은 장엄이 아니므로 장엄이라 이름한다는 뜻은 보살이 세상을 장엄함에 절을 짓고 단청하는 등의 형상적 장엄은 진정한 장엄이 아니고, 마음이 맑고 깨끗하여 마음에 집착이 없을 때 이것이 바로 진정한 장엄이 되므로 하는 말이다.

한편 보살의 만행(萬行)으로 이루어지는 진정한 불국토는 정화된 마음의 장엄 즉, 마음에 집착 없는 장엄을 하므로 장엄한다는 생각이 없다. 그러나 외부의 사람들은 장엄이라 이름짓는다.

마땅히 머무는 바 없이 마음을 쓰는 일은 참 어렵다. 만일 이런 사람이라면 가히 보살이다. 보살은 맑은 거울과도 같아서 일체 중생을 대할 때는 중생 하나하나 모두를 마음 속에 비추어 간직하지만, 보살 자신은 일체 중생을 비추고 있다는 잔상을 남기지는 않는다. 참다운 장엄은 조건 없는 진실한 마음의 장엄이다. 수미산을 장엄함은 큰 장엄이겠지만 마음의 장엄은 '크다'라는 우리의 분별인식이 개입되지 않는다.

게 송

山堂靜夜坐無言하니
寂寂寥寥本自然이라
何事西風動林野하야
一聲寒鴈唳長天고

산당 조용한 밤에 말없이 앉았더니
고요하고 고요하여 본래 자연하도다
무슨 일로 서쪽 바람이 임야를 움직이어
한 소리 찬 기러기 장천을 울고 가는고

- 冶 父 -

無爲福勝分 第十一
(무위복승분 제십일)

無爲福勝(무위복승)

무위란 '함이 없다'의 의미로 대상에 대한 분별심을 짓지 아니한, 무심(無心)의 행동을 말한다. 즉, 무위복승이란 무위의 복이 수승하다는 뜻이다.

재물의 보시도 중요하지만 깨끗한 마음으로 하는 법의 보시는 형상이 없으므로 오히려 무너지거나 부서지지 않고 영원하다. 재물의 보시가 공덕이 되려면 무위의 마음이어야 한다.

• 본 문 •

1

한 문

須菩提야 如恒河中所有沙數하야 如是沙等恒河於
수보리　여항하중소유사수　여시사등항하어

意云何오 是諸恒河沙寧爲多不아 須菩提言하사되
의운하　시제항하사영위다부　수보리언

甚多니이다 世尊하 但諸恒河도 尙多無數온 何況其
심다　세존　단제항하　상다무수　하황기

沙리잇가 須菩提야 我今實言으로 告汝하노니 若有善男
사　수보리　아금실언　고여　약유선남

子善女人이 以七寶로 滿爾所恒河沙數三千大千世
자선여인　이칠보　만이소항하사수삼천대천세

界하야 以用布施하면 得福이 多不아 須菩提言하사되
계　이용보시　득복　다부　수보리언

甚多니이다 世尊하 佛告須菩提하사되 若善男子善女人
심다　세존　불고수보리　약선남자선여인

이 於此經中에 乃至 受持四句偈等하야 爲他人說하면
어차경중　내지 수지사구게등　위타인설

———————————

勝:이길 승　河:물 하　恒:항상 항　沙:모래 사　此:이 차
前:앞 전

> 而此福德이 勝前福德하리라
> 이 차 복 덕   승 전 복 덕

한 글

"수보리야, 갠지스강에 있는 모래 수처럼 많은 갠지스강들이 있다면, 어떻게 생각하느냐? 이 많은 강들에 있어서 모래 수효가 많지 않겠느냐?"

수보리가 대답하였다.

"대단히 많겠습니다. 세존이시여. 그 강들의 수만도 무수히 많을 텐데 그 많은 강들에 있어서 모래 수이겠습니까?"

"수보리야, 내가 지금 진실로 말하노니, 어떤 선남자 선여인이 있어서 일곱 가지 보물로, 그 숱한 강들의 모래 수만큼 많은 삼천대천세계를 가득히 채워 보시한다면 그 복덕이 많지 않겠느냐?"

"매우 많겠나이다. 세존이시여."

부처님께서 수보리에게 말씀하셨다.

"만일 어떤 선남자 선여인이 이 경 가운데에서 4구게만이라도 받아지니고 다른 사람에게 설명해 주면 이 복덕은 앞에서의 일곱 가지 보물로 보시한 복덕보다 훨씬 나으리라."

해 설

(1) 항하(恒河)

'항하'란 갠지스강을 말한다. 갠지스강은 인도의 2대 강 중 하나로 그 길이가 2,511㎞나 된다. 히말라야 산맥에 근원을 두고 동남쪽으로 흘러 뱅골만에 이른다. 강 하류의 폭이

16km나 되며 이 강가의 모래는 입자가 부드럽기로 유명하다. 주먹으로 쥐면 손가락 사이로 모두 빠져나간다고 한다.

이 갠지스강은 부처님의 설법 중에 자주 나오며 많은 수를 나타낼 때 부처님은 항하(갠지스강)의 모래 수로 비유하셨다.

(2) 항하사수삼천대천세계(恒河沙數三千大千世界)

삼천대천세계는 이미 살핀대로 엄청 넓은 세상을 말한다.

그런데 항하의 모래 수만큼 많은 삼천대천세계라면 그 크기를 형용할 수가 없다.

결국 우주는 끝없이 넓게 전개되어 있으며 한정이 없다고 볼 수밖에 없다.

강 론

지금까지 우리들이 공부한 바와 같이 금강경은 어떻게 마음을 지니며 어떻게 생활하여야 할 것인가에 대한 가르침을 내리는 인생 교과서이다. 세상은 동서고금을 막론하고 바르지 못한 사교(邪敎)가 횡행하고 있다. 이 문명(文明) 천지에 어떤 이들은 자기가 예수요, 미륵, 정도령이라며 영원히 죽지 않는 몸을 지녔다고 떠들어 댄다. 종교가 종교 본연의 자세보다는 병을 고치는 일로, 점을 보는 일로 혹세무민하는 수도 많다. 금강경은 세상을 바로 보게 하는 안목을 길러준다.

어떤 물질의 보시보다도 귀중한, 우리 마음을 광활한 대우주의 공간으로 이끌어주는 힘을 금강경은 가지고 있다.

바로 이런 이유 때문에 금강경의 말씀은 수로 헤아릴 수 있는 물질의 보시보다 소중한 것이다. 금강경은 4구게가 어

느 글구인지를 구체적으로 언급하지 않았다. 경의 말씀 모두
가 우리의 번뇌를 깨뜨리는 힘을 가지고 있기 때문이다.

인간의 번뇌는 물론 영가의 번뇌도 깨뜨리고 모든 짐승들
의 번뇌도 깨뜨린다. 그래서 그 모두를 영원한 진리의 고향,
부처님의 세계로 이끌어간다. 불교는 '절대', '유일'의 개념을
용납치 않는다. 4구게를 구체적으로 지적하지 않는 이유가
여기에 또 있는 것이다.

보시에는 재물(財物)보시, 무외(無畏)보시, 법(法)보시가
있다. 이 중에서 부처님의 가르침 즉, 법(法)을 보시하는 일
은 다른 두 보시의 원동력이 된다.

우리 불자(佛子)는 부처님의 자식이므로 부처님의 자식된
도리를 다 해야 한다. 세상은 그 아무것도 영원하지 않다.
몸도 영원치 않고 권력, 명예도 영원치 않다. 오직 부처님의
진리의 세계가 그 영원을 약속할 뿐이다. 이 때문에 법의 보
시는 귀중한 것이다.

게 송

假使頂戴經塵劫
身爲床座徧三千
若不傳法度衆生
畢竟無能報恩者

부처님을 머리에 이고 오랜 세월 보내며
부처님을 위해 내 몸이 의자가 되어 온 세상에 내려 놓아도
법을 전하여 중생을 깨우치지 못하면
부처님의 은혜는 갚을 길 없도다   - 大智度論 -

尊重正教分 第十二
(존중정교분 제십이)

尊重正教(존중정교)

바른 가르침은 존중된다는 뜻이다.
본문에서 언급되는 것처럼 대승경전 특히 금강
경이 있는 곳은 삼보가 계신 곳이 되므로 존중된
다는 의미이다.

· 본 문 ·

1

한 문

> 復次須菩提야 隨說是經하되 乃至四句偈等하면
> 부 차 수 보 리　　수 설 시 경　　내 지 사 구 게 등
>
> 當知此處는 一切世間天人阿修羅 皆應供養을
> 당 지 차 처　　일 체 세 간 천 인 아 수 라 개 응 공 양
>
> 如佛 塔廟어든 何況有人이 盡能受持讀誦이랴
> 여 불 탑 묘　　하 황 유 인　　진 능 수 지 독 송
>
> 須菩提야 當知是人은 成就最上第一希有之法이니
> 수 보 리　　당 지 시 인　　성 취 최 상 제 일 희 유 지 법
>
> 若是經典所在之處는 即爲有佛과 若尊重弟子니라
> 약 시 경 전 소 재 지 처　　즉 위 유 불　　약 존 중 제 자

한 글

"또한 수보리야, 어디서나 이 경을 설하되 4구게만 설하더

重 : 무거울 중 隨 : 따를 수 供 : 이바지 공 養 : 기를 양 廟 : 사당 묘
塔 : 탑 탑 盡 : 다할 진 讀 : 읽을 독 誦 : 욀 송 成 : 이룰 성
就 : 나아갈 취 最 : 가장 최 典 : 법 전

라도 이곳은 온 세계의 하늘이나 인간이나 아수라들이 모두 응당 공양하기를 부처님의 탑에 공양하듯 할 것이어늘, 하물며 어떤 사람이 끝까지 경을 수지 독송함에 있어서랴. 수보리야, 꼭 알지니라. 이 사람은 가장 높고 제일가는 거룩한 법을 성취할 것이니, 만약 이 경전이 있는 곳은 곧 부처님과 훌륭한 제자가 계신 곳이 되느니라."

해 설

(1) 4구게(四句偈)

4구게는 이미 살핀 것처럼 4구로 된 게송을 말한다. 이 4구게를 한문의 뜻대로 굳이 찾아보면 금강경에서 꼭 세 곳이 된다. 즉,

범소유상 개시허망 약견제상비상 즉견여래
(凡所有相 皆是虛妄 若見諸相非相 卽見如來)
약이색견아 이음성구아 시인행사도 불능견여래
(若以色見我 以音聲求我 是人行邪道 不能見如來)
일체유위법 여몽환포영 여로역여전 응작여시관
(一切有爲法 如夢幻泡影 如露亦如電 應作如是觀)

이 4구게들은 금강경의 내용을 요약 압축하고 있다는 것은 사실이다.

그러나 이 외에도 금강경에서는 소중한 가르침이 얼마든지 더 있다. 또한 금강경의 문맥 흐름상 4구게가 꼭 위 세 구절을 가르치는 한정된 용어인가는 생각할 점이 많다.

이 4구게는 금강경의 법문 중 어느 한 문장으로 이해하는 것이 맞다(산스크리트 참고).

(2) 천, 인, 아수라(天, 人, 阿修羅)

육도 윤회의 중생 중 3악도(三惡道)의 지옥, 아귀, 축생을 언급하지 않은 것은 이들의 업장이 두텁고 지혜가 얕아 반야의 진리를 쉬이 알아듣기 힘들기 때문이다.

(3) 탑묘(塔廟)

탑묘란 사리를 모시거나 대승경전을 모시는 예배의 대상이다. 부처님의 사리는 8국에 나누어져 탑에 봉안되었다. 탑의 재료는 여러 가지이며 중국에서는 벽돌의 전탑, 우리나라의 석탑, 일본의 목탑이 발달했다. 부파불교(소승불교)가 막 한계점에 이르렀을 때 대승불교는 부처님이란 신앙의 구심점을 탑을 통해 형성해 갔다. 탑묘를 부처님 상이나 경전이 모셔진 절을 말하기도 한다. 불교역사의 흐름상 전자의 설명이 옳다고 본다.

강 론

불탑에 공양하고 수많은 물질로 보시한 공덕보다 이 금강경을 수지 독송 해설하여 주는 공덕이 더 크다고 누누이 강조하고 있다. 왜냐하면 이 경은 바로 아뇩다라삼먁삼보리를 성취하게 하는 힘을 지니고 있기 때문이다.

영원한 부처님 세계로 달려가게 하는 금강경은 물질만능주의, 황금만능주의의 현대인에게는 다시 없는 수행과목이다. 금강경 법문이 이루어지는 장소는 바로 불, 법, 승 삼보가 자리한 곳이라고 하였다. 금강경 한 게송만이라도 그렇지만 전체를 다 공부하고 설하는 데는 말할 것도 없이 그 복덕이 무량한 것이다. 선근이 있는 불제자들이 있어서 경을 수지 독송한다고 생각해 보라. 그리고 그런 장소를 상상해 보라. 경을 읽는 자 스스로 승보(僧寶)요, 경전 자체는 스스로 법보(法寶)요, 그에 열린 마음이 우주 광명과 하나되니 스스로 불보(佛寶)인 것이다. 이 경전이 있는 곳에 부처님 계시고 존중할 만한 제자가 있는 것이 된다는 말씀은 우리에게는 희망이요, 용기를 준다. 금강경은 우리들의 영혼을 저 피안의 세계로 인도하는 아름다운 다이아몬드인 것이다.

여기서 참고로 우리들이 정교(正敎)와 사교(邪敎)를 구분하는 기준을 살펴보기로 한다. 세상의 많은 종교 가운데서 이것은 불교 특유의 가르침이다하고 도장찍어 놓은 가르침이 있는데 이를 법인(法印)이라고 한다. 법인에는 네 가지가 있다. 이를 4법인이라 한다. 법인은 모든 시대 모든 곳에서 진리여야 한다. 꼭 불교 교리란 이름을 붙이지 않더라도 4법인의 교리에 맞으면 불교이고 불교란 명칭을 붙이면서도 이 4법인의 교리에 어긋나면 불교가 아닌 것이다. 이 4법인은 외도(外道)와 정도를 가늠하는 기준이며, 위경인지 아닌지를 알아내는 자(尺)가 된다. 4법인에 대해서 구체적으로 살펴보자.

(1) 제행무상(諸行無常)

행은 존재를 의미한다. 모든 존재는 시간적으로 볼 때 시시각각 변하여 항상하는 것은 아무것도 없다. 모든 사물은 인연에 의해 생멸변천을 거듭한다. 인간은 생노병사(生老病死), 물질은 성주괴공(成住壞空)하며 우리의 의식은 생주이멸(生住異滅)한다. 이 때 무상은 허무와는 다르다. 정신적이

든 물질적이든 변화한다는 것이지 허무하다는 염세주의는
아니다. 제행무상이 세상의 법칙임을 알 때 우리는 나태해
질 수 없으며 열심히 살지 않을 수 없다. 그 삶은 결코 미망
과 아집의 삶이 아니라 진실의 모습에 눈을 뜨는 달관의 인
생이 되는 것이다.

(2) 제법무아(諸法無我)

여기서 법은 존재를 의미한다. 모든 존재는 고정된 실체가
없다. 영원한 실체라고 할 만한 아(我)가 존재하지 않는다.
모든 존재는 인연으로 이루어져 있다(相依相關). 그러므로
독자적인 것은 아무것도 없다. 아집은 만병의 근원이며 고
(苦)의 출발점이다. '내'라는 고집 때문에 끝내 몸져 눕는다.
현실의 정확한 공간적 판단이 무아(無我)인 것이다. 세상에
서 무아이지 않는 것은 없다. 독립적으로 존재하는 신(神)은
없으며 그런 생각은 더욱 가관이다. 영원한 아(我)를 주장하
는 사람은 자연 배타적일 수밖에 없다.

(3) 일체개고(一切皆苦)

우리는 생노병사(生老病死)등의 고통을 느끼며 산다. 우리
들의 평범한 인식은 세상이 제행무상이며 제법무아인 현실
원리를 자각하지 못한다. 그러므로 고통이 느껴지는 것이다.

(4) 열반적정(涅槃寂靜)

이 일체개고를 느끼지 않으려면 제법무아와 제행무상의
현실 원리를 자각하고 역동적이며 창조적인 삶을 살아야 한
다. 세상은 연기의 법칙 속에 있다. 그 어느 것도 독립적이
거나 영원한 것은 없다. 착한 보살들은 자기에게 지나치게

집착하지 않으면서 이웃을 차별없이 대하는 삶을 산다.

인생은 사랑이다. 생즉애(生卽愛)는 발달된 대승불교의 실천철학이다. 자기의 존재를 무(無)로서 주변의 이웃이나 자연, 우주에 용해시킬 때 거기서 열반은 확연하게 있는 것이다. 우리는 하나가 되는 것이 중요하다. 우주는 본래 하나이며, 진리는 본래 차별이 없는 것이다.

로저스(Rogers)라는 심리학자는 건강한 삶을 살기 위해서는 세 가지가 성취되어야 한다고 하였다. 선입견 없이 실존적인 삶을 살아야 하고, 경험에 개방성이 있어 슬픔조차도 좋아해야 하고, 생각에 고정관념을 버려 구속됨이 없는 자유감을 만끽해야 한다고 하였다. 임제스님은 제불조사(諸佛祖師)의 카테고리를 벗어 던지라고 소리쳤다. 열반은 죽은 후에 얻어지는 것이 아니라 살아있는 의식, 물아일체(物我一切)되는 참다운 자아실현의 현장에서 증득되는 것이다. 금강경은 바로 이런 도리를 가르치는 대승경전이다.

게 송

常行無念之心하면
卽爲希有之法이니
恒沙諸佛이
體皆同이다

늘 무념의 마음을 행하면 곧 희유한 법이 되나니
무량한 부처님이 체가 다 같도다

- 宗 鏡 -

如法受持分 第十三
(여법수지분 제십삼)

如法受持(여법수지)

여법이란 '법답게'의 뜻이다. 무엇이 법다운 일인가? 금강반야바라밀경의 근본 가르침에 잘 계합하는 마음을 쓰는 일이다. 수지한다 함은 금강경의 깊은 속뜻을 잘 알아차리고 금강경의 가르침대로 살아간다는 뜻이다.

• 본 문 •

1

한 문

爾時에 須菩提 白佛言하사되
이 시　수 보 리 백 불 언

世尊하 當何名此經이며 我等이 云何奉持하리까
세 존　당 하 명 차 경　아 등　운 하 봉 지

佛告須菩提하사되 是經은 名爲金剛般若波羅蜜이니
불 고 수 보 리　시 경　명 위 금 강 반 야 바 라 밀

以是名字로 汝當奉持하라 所以者何오
이 시 명 자　여 당 봉 지　소 이 자 하

須菩提야 佛說般若波羅蜜이
수 보 리　불 설 반 야 바 라 밀

卽非般若波羅蜜일새 是名般若波羅蜜이니라
즉 비 반 야 바 라 밀　시 명 반 야 바 라 밀

須菩提야 於意云何오
수 보 리　어 의 운 하

如來 有所說法不아 須菩提 白佛言하사되
여 래 유 소 설 법 부　수 보 리 백 불 언

世尊하 如來 無所說이니이다.
세 존　여 래 무 소 설

한 글

그때에 수보리가 부처님께 말씀드렸다.

"세존이시여, 이 경의 이름을 무엇이라 하오며 우리들이 어떻게 받들어 지니오리까?"

부처님께서 수보리에게 이르시었다.

"이 경의 이름은 금강반야바라밀경이니 이 이름의 글자 그대로 꼭 받들어 지닐지니라. 왜냐하면 내가 말하는 반야바라밀은 반야바라밀이 아니라 그 이름이 반야바라밀인 까닭이니라. 수보리야, 어떻게 생각하느냐? 여래가 설한 법이 있겠느냐, 없겠느냐?"

수보리가 부처님께 말씀드렸다.

"세존이시여, 여래께서 설한 법이 없습니다."

해 설

(1) 금강반야바라밀(金剛般若波羅蜜)

경의 제목에 대해서는 이미 설명한 바가 있다. 다시 복습하면 금강(金剛)은 무엇이든지 끊을 수 있는 쇠 중의 쇠로 일체의 번뇌, 일체의 집착을 완전하게 깨끗이 끊어 없앤다는 의미로 쓰여졌다.

우리의 마음은 금강이다. 우리의 본래 마음은 영원불멸하

奉 : 받들 봉　字 : 글자 자　無 : 없을 무　微 : 작을 미　塵 : 티끌 진
以 : 까닭 이　身 : 몸 신　命 : 목숨 명　深 : 깊을 심

며 우주만유를 창조하는 근본 바탕이다.

반야(般若)는 지혜라고 표현한다. 지식이 아니다. 지식이
주관, 객관의 분별적 입장에서 내는 알음알이라면 지혜는 주
관, 객관이 벌어지기 이전 즉, 마음의 근원으로 돌아간 무분
별지(無分別智)를 말한다.

반야의 지혜는 모든 부처님의 어머니이며 절대 평등 무념
(無念)의 경지이다.

바라밀(波羅蜜)은 바라밀다의 준말로 저 언덕에 도착한다
의 뜻이다. 저 언덕이란 부처님 세계이다. 즉 바라밀은 부처
님 세계를 성취한다, 부처님 세계를 완성한다의 의미이다.

강 론

경전의 이름은 주로 경전을 편찬하는 사람 즉, 결집자(結
集者)가 붙인다. 그런데 여기 금강경은 부처님이 직접 경의
제목을 말씀하신다.

이는 아마 이 금강경이 차지하는 교리상의 위치가 중요하
기 때문일 것이다.

지금까지 많은 법문을 통해서 부처님은 공(空)의 도리를
밝혔다. 그런데 하필이면 여기와서는 경 제목을 제시하면서
경 이름 그대로 받들어지니라고 하는가? 그 이유에 있어서
부처님께서 스스로 말씀하시기를 그 이름이 반야바라밀인
까닭에 반야바라밀이란 이름을 붙인다고 하셨다.

즉 반야바라밀의 세계는 무엇이라 언설로서는 표현할 길

이 없다. 만일 붙잡을 수 있는 반야바라밀이 있다면 이는 정(定)한 법이 되어 스스로의 교리 모순에 빠진다. 여기 이름은 단지 무여열반(無餘涅槃)에 이르는 길을 제시할 뿐이다. 반야니 바라밀이니 하는 말, 문자를 제시하면서도 여기에 집착해서는 안된다는 부처님의 간곡한 자비의 몸짓이 듬뿍 배어 있다.

부처님은 이름을 말씀해 주시면서도 언어표현의 불완전성을 밝히 알아 중생들이 더 넓은 참 바라밀 세계로 나아가도록 인도하시는 대목이다.

또한 부처님은 수보리와의 대화를 통해서 설하신 법이 없다고 확인받고 있다.

부처님의 설법은 중생을 위한 것이므로 중생이 세운 법이요, 중생의 말인 것이다. 부처님께서 49년간 설법을 하셨다고 하나 이는 중생의 분상에서 본 것일 뿐이다.

거울은 그림을 그리지 않는다. 그저 객관의 대상물이 거기에 비칠 뿐이다. 그런데 중생들은 요란스럽게 받아들이고 떠들어 댄다. 거울은 본래로 밝게 있을 뿐, 그림자를 만들어 낸다는 소리를 듣지 못한다.

부처님의 말씀은 꼭 금구(金口)를 빌리지는 않는다. 산천 초목의 무궁무진한 연기가 곧 부처님의 장광설이다.

새 지저귐이 부처님의 말씀이고 찌는 듯한 무더위가 부처님의 말씀이고 계곡을 노니는 송사리 떼가 부처님 말씀이다.

부처님의 설법은 동서고금이 없으나 어떤 이는 알아듣고 어떤 이는 모를 뿐이다.

게 송

奇淡墨成西天雲
秋暈輪東昊麗甘
初夜鼓音滿道場
伴僧向法堂閒談

기이하도다 서녘 하늘 구름을 먹으로 그렸는가
가을 달무리 동쪽 하늘에 곱고도 감미롭구나
초야의 법고 소리 도량에 가득한데
짝지은 두 스님 법당 향하며 한담 나누네

- 無 一 -

2

한 문

須菩提야 於意云何오 三千大千世界所有微塵이
수보리　어의운하　삼천대천세계소유미진

是爲多不아 須菩提言하사되 甚多니이다
시위다부　수보리언　심다

世尊하 須菩提야 諸微塵을 如來說非微塵일새
세존　수보리　제미진　여래설비미진

是名微塵이며 如來說世界 非世界일새
시명미진　여래설세계 비세계

是名世界니라 須菩提야 於意云何오 可以三十二
시명세계　수보리　어의운하　가이삼십이

相으로 見如來不아 不也니이다 世尊하
상　견여래부　불야　세존

不可以三十二相으로 得見如來니 何以故오 如來
불가이삼십이상   득견여래   하이고   여래

說 三十二相이 卽是非相일새 是名三十二相이니이다
설 삼십이상   즉시비상   시명삼십이상

須菩提야 若有善男子善女人이 以恒河沙等身
수보리   약유선남자선여인   이항하사등신

命으로 布施어든 若復有人이 於此經中에 乃至受
명   보시   약부유인   어차경중   내지수

持四句偈等하야 爲他人說하면 其福이 甚多니이다
지사구게등   위타인설   기복   심다

한 글

"수보리야 어떻게 생각하느냐? 삼천대천세계에 있는 티끌을 많다고 하겠느냐, 적다고 하겠느냐?"

수보리가 대답하기를

"엄청나게 많습니다. 세존이시여."

"수보리야, 모든 티끌은 티끌이 아니라 그 이름이 티끌이며, 세계도 세계가 아니라 그 이름이 세계이니라. 수보리야, 어떻게 생각하느냐? 32상의 형상으로써 여래를 볼 수 있겠느냐?"

"못 봅니다, 세존이시여. 32상의 형상을 가지고는 여래를 볼 수 없습니다. 왜냐하오면 여래께서는 32상의 형상은 상이 아니요, 그 이름이 32상이라고 하셨기 때문입니다."

"수보리야, 만약에 어떤 선남자 선여인이 저 갠지스강의 모래 수만큼이나 많은 몸과 목숨으로써 보시를 하여도, 또 다른 어떤 사람이 이 경 가운데 네 구절만이라도 수지하고

다른 이에게 들려주면, 그 복이 훨씬 더 많으리라."

해 설

(1) 32상(三十二相)

인도에서는 예로부터 위대한 성자 또는 정법으로 나라를 다스리는 전륜성왕(轉輪聖王)은 전생에 지은 복덕으로 훌륭한 몸의 모습을 타고 난다고 믿어져 왔다. 부처님이 막 탄생하신 후 아시타라는 예언가는 관상으로써 부처님의 미래를 예견했다고 전한다. 32상은 경마다 다소 차이가 있으나 대지도론(大智度論)의 설을 따라 간략히 살피고자 한다.

1. 발바닥이 편평한 모습
2. 발바닥에 2개의 수레바퀴가 있는 모습
3. 손가락이 가늘고 긴 모습
4. 손발이 매우 부드러운 모습
5. 손, 발가락에 얇은 비단결 같은 막이 있는 모습
6. 발꿈치가 원만하여 오목한 데가 없는 모습
7. 발등이 복스러운 모습
8. 종아리의 살결이 부드럽고 둥근 것이 사슴과 같은 모습
9. 손이 무릎까지 내려가는 모습
10. 남근(男根)이 평소에는 감추어져 있는 모습
11. 키가 두 팔을 편 길이와 같은 모습
12. 털 구멍마다 청색의 털이 나 있는 모습
13. 털끝이 위로 향한 모습
14. 온 몸 빛이 황금빛인 모습

15. 몸에서 솟는 광명이 한 길이나 되는 모습
16. 살결이 부드럽고 매끄러운 모습
17. 두 발바닥, 손바닥, 두 어깨, 정수리가 모두 편평하고 둥근 모습
18. 두 겨드랑이가 보기 좋은 모습
19. 몸매가 사자와 같은 모습
20. 몸이 곧고 단정한 모습
21. 두 어깨가 둥글고 두툼한 모습
22. 40개의 이가 있는 모습
23. 이가 희고 가지런하며 빽빽한 모습
24. 네 개의 어금니가 희고 깨끗한 모습
25. 두 볼의 원만함이 사자의 얼굴과 같은 모습
26. 목구멍에서 맛 좋은 진액이 나오는 모습
27. 혀가 넓고 긴 모습
28. 목소리가 맑고 멀리 들리는 모습
29. 눈동자가 검푸른 모습
30. 속눈썹이 소의 것과 같은 모습
31. 두 눈썹 사이에 흰 털이 있는 모습
32. 정수리에 주먹같은 육계가 있는 모습

이 32상은 80종호로써 더욱 구체적으로 말하기도 한다.

강 론

미진은 곧 티끌을 의미한다. 이 세상 티끌은 수로 헤아릴 수 없이 많다. 티끌은 바로 마음의 티끌, 마음의 때, 먼지를

말한다. 미혹한 자의 마음은 티끌의 마음을 가진다. 즉, 티끌이라는 것은 일체 중생의 마음 위의 티끌이다.

그런데 여기 중생의 마음에 부처님의 분신(分身)이 끝없는 위대한 신통력을 발휘하여 청정한 마음을 열어간다. 그렇게 되면 티끌은 이제 티끌이 아닌 것이다. 티끌은 본래 티끌이란 자성(自性)을 가지지 않는 것이다.

세계는 미진 즉, 티끌의 마음이 활동하는 세간적 무대다. 티끌의 마음이 이제는 다시 티끌의 마음이 아니다. 청정한 마음이 되면 거기는 세계가 아닌 것이다.

우리는 흔히 스스로 영원히 구제받지 못할 존재라고 포기할 때도 있으며, 이 세상은 이미 심판 받을 것을 예정하여 놓았다고 떨고 있다. 마음의 문을 열고 반야바라밀의 세계로 나아가는 순간에 우리의 삶은 달라지며 세상은 우리의 것이 되어가는 것이다.

세간에 있으면서 출세간적 삶을 사는 사람은 참으로 멋있다. 세간에 있으면서 세간에 집착하지 않는 사람은 세간의 모든 형상이 영원하지 않음을 안다.

비록 부처님의 32상이라 할지라도 32상 자체가 영원한 형상이라고 보지 않는다. 32상이 비록 6바라밀을 행하고 오랫동안의 자비행으로 얻은 모습이지만 32상만을 그저 바라만 보아서는 진정한 부처님 세계에 들 수는 없다. 자기하고는 10만 8천리 떨어진 곳에 있는 남의 살림일 뿐이다. 32상을 존경하면서 스스로 6바라밀의 청정행을 닦을 때 거기 광명은 존재하는 것이다. 중생 세간의 한계를 뛰어넘어야 참다운 자기 세계가 전개되는 것이다.

외모, 재물, 학벌, 나이, 남자 몸, 여자 몸 따위의 모든 형상의 차별적 생각은 부처님 세계로 가는 길목의 장애물이다.

우리들이 금강경을 수지한다는 것은 금강경의 가르침에 깊이 공감하고 금강경적 삶을 살아가는 것까지를 의미한다.

금강경을 여법하게 수지하고 다른 이를 위해 들려준다면 이 사람은 참으로 영원히 새지 않는 무루의 복을 짓는 대승행자다.

물을 구경하는 것으로 갈증은 해소되지 않는다. 직접 마시는 자만이 물과 하나가 되고 갈증은 해소되는 것이다.

게 송

菩提本無樹 明鏡亦非臺
本來無一物 何處惹塵埃

보리수 본래 없고 거울 또한 틀이 아니다
본래 아무 것도 없는데 어디에 먼지 앉고 때가 끼는가?

- 六祖 慧能 -

離相寂滅分 第十四
(이상적멸분 제십사)

離相寂滅(이상적멸)

마음 가운데 모든 상이 무너지면 고요하고 평온함이 찾아든다는 뜻이다.

적멸은 열반(涅槃) 즉, 니르바나(Nirvana)의 번역이다. 이 적멸의 경지는 모든 번뇌, 망상, 집착에서 벗어난 부처님의 세계이다. 이 적멸의 경지는 아무 것도 하지 않는 염세, 즉 소극적 상태가 아니라 자기로부터의 모든 상을 떠났기 때문에 온 우주를 한 가족으로 보는 적극적, 진취적인 상태가 될 수밖에 없다. 우리는 이를 보살행이라 하는 것이다.

• 본 문 •

1

한 문

爾時_에 須菩提 聞說是經_{하시고} 深解義趣_{하사}
이 시   수 보 리 문 설 시 경   심 해 의 취

涕淚悲泣_{하며} 而白佛言_{하사되} 希有世尊_하
체 루 비 읍   이 백 불 언   희 유 세 존

佛說如是甚深經典_은 我從昔來所得慧眼_{으로}
불 설 여 시 심 심 경 전   아 종 석 래 소 득 혜 안

未曾得聞如是之經_{이니이다}
미 증 득 문 여 시 지 경

世尊_하 若復有人_이 得聞是經_{하고} 信心淸淨_{하면}
세 존   약 부 유 인   득 문 시 경   신 심 청 정

卽生實相_{하리니} 當知是人_은 成就第一希有功德_{이니}
즉 생 실 상   당 지 시 인   성 취 제 일 희 유 공 덕

世尊_하 是實相者_는 卽是非相_{이니} 是故_로
세 존   시 실 상 자   즉 시 비 상   시 고

如來說名實相_{이니이다}
여 래 설 명 실 상

世尊하 我今得聞如是經典하고 信解受持는
세존 아금득문여시경전 신해수지

不足爲難이어니와 若當來世後五百歲에
부족위난 약당내세후오백세

其有衆生이 得聞是經하고 信解受持하면 是人은
기유중생 득문시경 신해수지 시인

卽爲第一希有니 何以故오 此人은 無我相하며
즉위제일희유 하이고 차인 무아상

無人相하며 無衆生相하며 無壽者相이니
무인상 무중생상 무수자상

所以者何오 我相이 卽是非相이며
소이자하 아상 즉시비상

人相衆生相壽者相이 卽是非相이라 何以故오
인상중생상수자상 즉시비상 하이고

離一切諸相이 卽名諸佛이니이다
이일체제상 즉명제불

佛이 告須菩提하사되 如是如是하다 若復有人이
불 고수보리 여시여시 약부유인

得聞是經하고 不驚不怖不畏하면 當知是人은
득문시경 불경불포불외 당지시인

甚爲希有니 何以故오 須菩提야 如來說第一波羅
심위희유 하이고 수보리 여래설제일바라

蜜이 卽非第一波羅蜜일새 是名第一波羅蜜이니라
밀 즉비제일바라밀 시명제일바라밀

須菩提야 忍辱波羅蜜도 如來說非忍辱波羅蜜일새
수보리 인욕바라밀 여래설비인욕바라밀

是名忍辱波羅蜜이니 何以故오
시명인욕바라밀 하이고

須菩提야 如我昔爲歌利王에 割截身體할새
수보리 여아석위가리왕 할절신체

我於爾時_에 無我相_{하며} 無人相_{하며} 無衆生相_{하며}
아 어 이 시   무 아 상   무 인 상   무 중 생 상

無壽者相_{이니라} 何以故_오 我於往昔 節節支解時_에
무 수 자 상   하 이 고   아 어 왕 석 절 절 지 해 시

若有我相人相衆生相壽者相_{이면} 應生瞋恨_{이니라}
약 유 아 상 인 상 중 생 상 수 자 상   응 생 진 한

須菩提_야 又念過去於五百世_에 作忍辱仙人_{하야}
수 보 리   우 념 과 거 어 오 백 세   작 인 욕 선 인

於爾所世_에 無我相_{하며} 無人相_{하며}
어 이 소 세   무 아 상   무 인 상

無衆生相_{하며} 無壽者相_{이니라}
무 중 생 상   무 수 자 상

한 글

　그때에 수보리가 이 경 설하심을 듣고, 깊이 그 뜻을 이해하고 감격하여 흐느껴 울면서 부처님께 말씀드렸다.

　"참으로 희한하고 거룩한 일입니다. 세존이시여! 부처님께서 이렇게 뜻이 깊고 깊은 경전을 설하심은 제가 지금까지 얻은 바 지혜의 눈으로써는 일찍이 이와 같은 경을 들어 보지 못하였습니다.

涕:눈물 체	淚:눈물 루	悲:불쌍히여길 비	泣:울 읍	眼:눈 안
未:아닐 미	曾:일찍 증	淸:맑을 청	難:어려울 난	歲:해 세
驚:놀랠 경	怖:두려워할 포	畏:두려울 외	忍:참을 인	辱:욕될 욕
歌:노래 가	利:이로울 리	王:임금 왕	割:벨 할	截:끊을 절
又:또 우	過:지날 과	仙:신선 선	生:날 생	益:더할 익
眞:참 진	語:말씀 어	誑:속일 광	異:다를 이	闇:어두울 암
明:밝을 명	照:비칠 조	智:지혜 지	慧:지혜 혜	

세존이시여, 만약 또 어떤 사람이 이 경 말씀을 듣고 믿는 마음이 청정하면 우주 인생의 참다운 모습 즉, 실상(實相)을 깨닫게 될 것이니 마땅히 이 사람은 이 세상에서 제일 드문 공덕을 성취할 줄로 압니다. 세존이시여, 이 실상이라는 것은 곧 상이 아니므로, 여래께서 그 이름이 실상이라고 말씀하시었습니다.

세존이시여, 제가 지금에 이 경 말씀을 듣고 믿고 이해하고 받아지니기는 과히 어렵지 않사옵니다만, 만약에 앞으로 다가올 2천 5백년 경에 그 어떤 중생이 이 경 말씀을 듣고 믿고 이해하고 받아지닌다면, 이 사람의 행위는 이 세상에서 가장 희한하며 거룩한 일이 되겠습니다. 왜냐하오면 이 사람은 아상, 인상, 중생상, 수자상이 없기 때문입니다. 그것은 무슨 까닭이냐 하면 아상이 곧 상이 아니요, 인상, 중생상, 수자상도 곧 상이 아니기 때문입니다. 왜냐하오면, 일체의 모든 상에서 벗어나야 곧 부처님 경지라고 이름하기 때문입니다."

부처님께서 수보리에게 이르셨다.

"그러하니라, 그러하니라. 만약에 이 경을 얻어 듣고 놀라지도 않으며, 겁내지도 않으며, 두려워하지도 않는다면 이 사람은 매우 훌륭한 사람임을 알아야 한다. 왜냐하면 수보리야, 여래가 말하는 제일바라밀은 제일바라밀이 아니라 그 이름이 제일바라밀이기 때문이니라. 수보리야, 인욕바라밀도 인욕바라밀이 아니라 그 이름이 인욕바라밀이라고 여래가 말씀하셨는데, 왜냐하면 수보리야, 내가 옛날 가리왕에게 몸을 베이고 잘리고 할 그 때에도 나에게는 아상이 없었으며

인상도 없었고, 중생상도 없었고, 수자상도 없었느니라. 왜
냐하면 내가 지난 그때에 마디마디와 사지를 찢길 때, 만약
아상이나 인상, 중생상, 수자상이 있었더라면 응당 성내고
원망하는 마음을 내었을 것이기 때문이니라. 수보리야, 또
저 옛날 오백세에 욕됨을 참는 신선이 되었던 때를 생각하니
그 세상에서도 아상, 인상, 중생상, 수자상이 없었느니라."

해 설

(1) 실상(實相)

실상은 진실의 상을 말한다. 즉, 우주 인생의 참다운 모습
이 실상이며 법신(法身), 보신(報身), 화신(化身)의 본래 모
습이 실상이다. 이 실상은 무상(無相) 즉 모양이 없으므로
그 이름이 실상일 뿐이다. 거북은 털이 없고 토끼는 뿔이 없
다고 말하지 거북의 털, 토끼의 뿔은 없다고 말하지는 않는
다. 실상(實相)이 비상(非相)이면 있음(有)을 장애하지 않는
다. 실상은 없는 것이 아니다.

(2) 제일바라밀(第一波羅蜜)

제일바라밀은 옛부터 크게 두 종류로 해석, 이해되어져 왔
다.

첫째는 제일바라밀이 지혜바라밀이라는 것이다. 지혜는 성
불, 부처님 세계에 드는 첫째 조건이 되는 것이다. 이 경은
지혜를 현발시키는 가장 으뜸이 되는 말씀이므로 제일바라

밀이 되는 것이다.

둘째는 제일바라밀이 보시바라밀이라는 것이다. 보시, 지계, 인욕, 정진, 선정, 지혜의 6바라밀에 보면 보시는 순서상 첫째 바라밀이 되는 것이다.

신심이 청정하여 실상을 깨닫는 사람은 보시가 보시가 아니라 이름이 보시일 뿐이다. 주는 사람도 없고 받는 사람도 없고 물건이나 법 또한 없다. 상을 떠난 여래(부처님)의 자리는 본래 하나이기 때문이다.

(3) 인욕바라밀(忍辱波羅蜜)

인욕하면 바라밀 세계에 든다는 말이다. 바라밀 즉, 부처님 세계에 이르는 데는 온갖 모욕, 육체적 피곤, 정신적 번뇌의 한계를 넘어서지 않으면 안된다.

인욕의 참 모습은 4상산(四相山)이 무너져야 한다.

2

한 문

是故로 須菩提야 菩薩은 應離一切相하고
시 고   수 보 리   보 살   응 리 일 체 상

發阿耨多羅三藐三菩提心이니 不應住色生心하며
발 아 녹 다 라 삼 먁 삼 보 리 심   불 응 주 색 생 심

不應住聲香味觸法生心이요 應生無所住心이니라
불 응 주 성 향 미 촉 법 생 심   응 생 무 소 주 심

若心有住면 即爲非住니라 是故로 佛說菩薩은
약 심 유 주   즉 위 비 주   시 고   불 설 보 살

心不應住色布施라하나니라
심 불 응 주 색 보 시

須菩提야 菩薩이 爲利益一切衆生하야
수 보 리　보 살　위 이 익 일 체 중 생

應如是布施니 如來說一切諸相이 卽是非相이며
응 여 시 보 시　여 래 설 일 체 제 상　즉 시 비 상

又說一切衆生이 卽非衆生이니라
우 설 일 체 중 생　즉 비 중 생

須菩提야 如來는 是眞語者며 實語者며 如語者며
수 보 리　여 래　시 진 어 자　실 어 자　여 어 자

不誑語者며 不異語者니라
불 광 어 자　불 이 어 자

須菩提야 如來所得法은 此法이 無實無虛하니라
수 보 리　여 래 소 득 법　차 법　무 실 무 허

須菩提야 若菩薩이 心住於法하야
수 보 리　약 보 살　심 주 어 법

而行布施하면 如人이 入闇에 卽無所見이요
이 행 보 시　여 인　입 암　즉 무 소 견

若菩薩이 心不住法하야 而行布施하면 如人이
약 보 살　심 부 주 법　이 행 보 시　여 인

有目하야 日光明照에 見種種色이니라
유 목　일 광 명 조　견 종 종 색

須菩提야 當來之世에 若有善男子善女人이
수 보 리　당 래 지 세　약 유 선 남 자 선 여 인

能於此經에 受持讀誦하면 卽爲如來 以佛智慧로
능 어 차 경　수 지 독 송　즉 위 여 래 이 불 지 혜

悉知是人하며 悉見是人하야
실 지 시 인　실 견 시 인

皆得成就無量無邊功德하리라
개 득 성 취 무 량 무 변 공 덕

한 글

"그러므로 수보리야, 보살은 마땅히 일체의 상을 떠나서 아뇩다라삼먁삼보리 즉, 부처님 세계에 들려는 마음을 내어야 할 것이니, 응당 색에 머물러 마음을 내지 말며, 소리, 냄새, 맛, 느낌, 생각의 대상에 머물러 마음을 내지 말지니라. 마땅히 머무름이 없는 마음을 내어야 하느니라. 만약에 마음에 머무름이 있다면 곧 머무름이 아니기 때문이니라. 그러므로 부처님께서 말씀하시기를, '보살의 마음은 색에 머무른 보시를 하지 않는다' 하였느니라.

수보리야, 보살은 일체중생을 이익되게 하기 위하여 마땅히 이와 같이 보시를 해야 하느니라. 여래가 말씀하시기를 일체의 모든 상이 곧 상이 아니라고 하였으며, 또 말씀하시기를 일체 중생이 곧 중생이 아니라고 하였느니라.

수보리야, 여래는 참된 말을 하는 분이며, 실다운 말을 하는 분이며, 있는 그대로 말을 하는 분이며, 속이지 않는 말을 하는 분이며, 다르지 않는 말을 하는 분이니라. 수보리야, 여래가 얻은 이 법은 실다운 것도, 헛된 것도 아니다. 수보리야, 만약에 보살이 마음을 법에 머물러 보시를 하면, 사람이 어둠에 들어가 모든 것을 볼 수가 없는 것과 같고, 만약에 보살이 마음을 법에 머무르지 않고 보시를 하면, 사람이 눈이 있고 햇빛이 있어 여러 가지 모양을 보는 것과 같느니라.

수보리야, 장차 오는 세상에 만약 선남자 선여인이 있어 능히 이 경을 수지하고 독송하면 곧 여래가 부처님 지혜로써

이 사람들을 다 아시고, 이 사람들을 다 보아서 한량없고 끝없는 공덕을 모두 성취케 하느니라."

해 설

(1) 진어자(眞語者) 실어자(實語者) 여어자(如語者) 불광어자(不誑語者) 불이어자(不異語者)

'참된 말을 하는 분이며, 실다운 말을 하는 분이며, 있는 그대로 말을 하는 분이며, 속이지 않는 말을 하는 분이며, 다르지 않는 말을 하는 분이니라.'

여기서 참된 말이란 대승의 깨달음의 법 등을 설하신 말씀이니, 모든 중생이 다 불성(佛性)을 가지고 있다는 등의 말씀이다. 참된 말이란 능력을 깨우치게 하는 말이며 희망을 제시하는 말이다.

실다운 말이란 인과(因果)의 법 등을 설하신 말씀이니 모든 중생은 자기 행위에 따라 그 결과를 성취하는 것이지 창조신의 주관도 아니며 우연의 일도 아님을 말씀하신다.

있는 그대로의 말이란 진리 모습 그대로를 설하신 말씀이니, 총체적 인연법을 있는 그대로, 조작이나 억지를 쓰지 않고 말씀하셨다는 것이다.

속이지 않는 말이란 중생을 현혹하기 위해서 육신이 멸하지 않고 영원히 살 수 있다는 등의 사기성 말이 아니란 뜻이니 언제나 거짓없는 말씀이다.

다르지 않는 말이란 부처님의 많은 말씀이 얼른 보면 난해

178 금강경 핵심 강의

하기 이를데 없고 서로 모순되는 점이 많은 듯 하나 이는 여러가지 방편으로 말씀을 베풀다 보니 그렇게 보일 뿐이지 누구든지 모두 부처님 세계에 들 수 있다는 대전제와 근본 마음 자리는 결국 똑같다는 등의 말씀은 다르지 않다는 말씀이다.

이 다섯을 여래오어(如來五語)라 한다.

강 론

우리들이 잘 사는 길이란 진리에 계합하는 삶이다. 진리란 바로 공(空)의 세계이다. 공에는 아공(我空), 법공(法空)이 있다. 아공이란 아상 등의 4상(四相)에서 해방됨을 말하고 법공이란 주관의 상뿐 아니라 객관의 상마저 공해진 것을 말한다. 4상이 없어졌다는 관념마저 떠난 것을 말하기도 한다. 이 아공, 법공을 얻은 이를 부처 또는 부처님 경지에 든다고 보는 것이다. 마음이 진정 공해진 자리에는 아집, 법집이 없어지고 대자유인의 용기만 남는다. 그 아무것도 두렵지 않으며 그 어느 것도 장애되지 않는다. 그 자리는 '제일바라밀'이니 '인욕바라밀'이니 하는 구차한 말이 필요하지 않다.

'사랑한다'는 말은 말일 뿐이지 참 사랑을 완전히 나타내지는 못하는 것이다. 대자유인은 실상을 바로 볼 수 있다. 부처님의 말씀에 대한 믿음이 청정하고 지극하면 실상을 볼 수 있다고 금강경은 역설하고 있다. 실상을 바로 볼 수 있는 안목을 키우기 위해 저 유명한 용수보살(龍樹菩薩)은 8불중도(八不中道)를 제시하고 있다.

(1) 불생불멸(不生不滅)

생멸의 양극단을 부정, 모두를 인연법, 인연화합으로 관찰하였다. 중생이 강하게 느끼는 생, 멸의 모습은 착각일 뿐이다.

(2) 불일불이(不一不異)

일체의 모든 법은 진리본체에서는 하나이지만 현상계로서는 다를 수밖에 없음을 관찰하였다. 즉, 하나이면서 다르고 다르면서 하나인 관찰법을 제시하고 있다.

(3) 불상부단(不常不斷)

불상(不常)은 항상 할 수 없다는 가르침이요 부단(不斷)은 모든 것이 단절되지 않다는 가르침이다. 예를 들어 생명체를 관찰함에는 영원히 살으리라는 생각과 또한 죽어버리면 완전히 끝이라는 생각의 둘을 모두 지양하여 중도적 사고를 해야 함을 가르친다.

(4) 불거불래(不去不來)

모든 유정(有情)들은 윤회 중에 온 것임에도 불구하고 영원히 온 것처럼 고집하는 것을 부정하며, 또한 본래의 고향, 진여세계로 돌아감을 망각한 중생들을 깨우쳐 준다. 본래 진리의 당체는 오고감이 아닌데 임시로 오고 가는 것을 실제의 현상으로 집착함을 타파하는 가르침이다. 이 8불중도는 유(有)에 대한 고정관념을 타파하면서도 현상계의 유(있음)를 포용하므로 중도적 공(空)이라 한다.

우리는 공(空)을 잘 이해해야 한다.

불교를 어떤 이는 허무적멸지도(虛無寂滅之道)라 하는데 이는 크게 잘못된 일이다. 대승보살은 적멸에 안주해서는 안 된다. 무심한 그 자리에서 마음을 내어 6도만행(六度萬行)을 해야 한다. 온전한 자기 정신으로 객관의 그 어디에도 안주하지 않으면서 객관의 그 어디에도 손길이 닿는 자유자재의 힘이 이 법(法)의 말세에는 필요하다.

만나기 어려운 정법(正法)의 인연을 잘 가꾸기 위해서 우리는 일체상(一切相)을 버리고 부처님을 예경, 찬탄해야 한다. 비우면 만배, 천만배 값진 보배가 채워지는 도리를 금강경은 간곡히 우리에게 전한다.

게 송

因地而倒에
因地而起니
地向爾道什麼오

땅으로 인해 넘어진 즉
땅을 인해 일어나나니
땅이 너를 향해 무엇이라 말하던고

― 冶父 ―

持經功德分 第十五
(지경공덕분 제십오)

持經功德(지경공덕)

여기서는 글구의 뜻 그대로 금강경을 지니는 공덕을 소개하고 있다.

금강경을 스스로 지니고 읽고 외우고, 또한 남을 위해 설명하면 그 공덕은 굉장하다. 모든 부처님의 아뇩다라삼먁삼보리법이 모두 이 경에서 나오기 대문이다.

부처님 세계를 성취함은 그 어떤 재물·명예보다 소중한 것이다.

• 본 문 •

1

한 문

須菩提_야 若有善男子善女人_이 初日分_에 以恒河
수 보 리   약 유 선 남 자 선 여 인   초 일 분   이 항 하

沙等身_{으로} 布施_{하고} 中日分_에 復以恒河沙等身_{으로}
사 등 신   보 시   중 일 분   부 이 항 하 사 등 신

布施_{하고} 後日分_에 亦以恒河沙等身_{으로} 布施_{하야}
보 시   후 일 분   역 이 항 하 사 등 신   보 시

如是無量百千萬億劫_을 以身布施_{어든} 若復有人_이
여 시 무 량 백 천 만 억 겁   이 신 보 시   약 부 유 인

聞此經典_{하고} 信心不逆_{하면} 其福_이
문 차 경 전   신 심 불 역   기 복

勝彼_{하리라} 何況書寫受持讀誦_{하야} 爲人解說_{이리요}
승 피   하 황 서 사 수 지 독 송   위 인 해 설

須菩提_야 以要言之_{컨데} 是經_은
수 보 리   이 요 언 지   시 경

初 : 처음 초   億 : 억 억   劫 : 겁 겁   逆 : 거스릴 역 彼 : 저 피
書 : 글 서   寫 : 베낄 사   要 : 중요 요   議 : 의논할 의 稱 : 일컬을 칭
乘 : 탈 승, 수레 승

有不可思議不可稱量無邊功德하나니
유 불 가 사 의 불 가 칭 량 무 변 공 덕

如來爲發大乘者說이며 爲發最上乘者說이니라
여 래 위 발 대 승 자 설   위 발 최 상 승 자 설

한 글

"수보리야, 만일 선남자 선여인 즉, 착한 보살들이 있어서 아침에 갠지스강의 모래 수만큼의 숫자로 몸을 바쳐 보시하고, 낮에도 갠지스강의 모래 수만큼의 숫자로 몸을 바쳐 보시하고, 저녁에도 또한 갠지스강의 모래 수만큼의 숫자로 몸을 바쳐 보시를 하는데 이렇게 하여 한량없는 백천만억겁 세월을 통하여 몸으로 보시하더라도, 어떤 사람이 이 경전의 법문을 듣고 믿는 마음으로 거역하지만 않는다면 그 복덕이, 몸을 바쳐 보시하는 것보다 훨씬 뛰어나거늘 하물며 이 경을 쓰고 받아지니고 읽고 외우고 남에게 해설해 줌에 있어서랴.

수보리야, 중요한 것을 말하건대 이 경에는 가히 생각할 수도 없고, 헤아릴 수도 없고, 끝도 없는 공덕이 있나니, 여래는 대승의 마음을 낸 이를 위하여 이 경을 말했으며 가장 높은 마음을 낸 이를 위하여 이 경을 설했느니라."

해 설

(1) 초일분, 중일분, 후일분(初日分, 中日分, 後日分)

절에서 취침하는 시각은 보통 저녁 9시이며 기상하는 시각은 보통 새벽 3시이다. 활동하는 시간을 새벽 3시부터 저

녁 9시까지 생각하여 이를 6시간씩 3등분하여 초, 중, 후일
(日)로 나누었다.

시간별로 잘 살펴보면 이 6시간씩의 간격은 아침, 낮, 저
녁으로 구분되어진 셈이다.

초일분은 아침 나절, 중일분은 점심 나절(낮), 후일분은
저녁 나절이 된다.

(2) 겁(劫)

범어로는 kalpa이며 범천의 하루가 1겁이다. 곧 인간 세
계의 4억 3천 2백만년에 해당한다고 한다. 그런데 일반적으
로 불교에서 겁을 말할 때는 보통 헤아릴 수 없는 긴 시간을
일컫는다.

겁에는 개자겁(芥子劫), 불석겁(拂石劫), 증감겁(增減劫)
이 있다. 개자겁은 사방 40리 안에 개자씨를 가득 넣고 장수
하는 천인(天人)이 3년에 한 알씩 가져가 그 수가 다하는 기
간을 말한다.

불석겁은 반석겁(磐石劫)이라고도 하는데 사방 40리 안에
바위가 있다고 가정하고 장수하는 천인이 있어, 3년에 한 번
씩 무게 삼수(三銖)되는 천의(天衣)로써 둘레를 한바퀴 스쳤
을 때, 그 바위가 다 닳아 없어지는 기간을 말한다.

증감겁은 인간의 수명에 따른 정의인데 인간의 수명은
10세에서 8만세까지 8만세에서 10세까지 백년에 한 살씩 증
또는 감한다고 하였다. 증(增)하는 기간을 증겁, 감(減)하는
기간을 감겁이라 하며 증감을 합해 증감겁이라고 한다.

본문에서 백천만억 겁은 무수한 시간을 막연히 나타낸다.

2

한 문

若有人이 能受持讀誦하야 廣爲人說하면 如來가
약유인 능수지독송 광위인설 여래

悉知是人하며 悉見是人하야 皆得成就不可量不可稱
실지시인 실견시인 개득성취불가량불가칭

無有邊不可思議功德하리니 如是人等은 卽爲荷擔
무유변불가사의공덕 여시인등 즉위하담

如來 阿耨多羅三藐三菩提라 何以故오 須菩提야
여래 아뇩다라삼먁삼보리 하이고 수보리

若樂小法者는 着我見人見衆生見壽者見이라
약요소법자 착아견인견중생견수자견

卽於此經에 不能聽受讀誦하야 爲人解說이니라
즉어차경 불능청수독송 위인해설

須菩提야 在在處處에 若有此經하면
수보리 재재처처 약유차경

一切世間天人阿修羅의 所應供養이니 當知此處는
일체세간천인아수라 소응공양 당지차처

卽爲是塔이라 皆應恭敬하며 作禮圍繞하고
즉위시탑 개응공경 작례위요

以諸華香으로 而散其處하리라
이제화향 이산기처

한 글

"만약에 어떤 사람이 이 경전을 받아 지니고 읽고, 외우고,
여러 사람들에게 일러주면 여래가 이 사람을 다 알고 다 보

廣:넓을 광 荷:멜 하 擔:짐 담 恭:공손할 공 禮:예도 례
圍:둘레 위 繞:둘레 요 華:빛날 화 散:흩어질 산

나니, 모두가 한량없고 말할 수 없고 끝없는 불가사의한 공
덕을 성취하리니 이와 같은 사람들은 곧 여래의 아뇩다라삼
먁삼보리 즉, 부처님 세계 건설을 책임질 것이니라. 왜냐하면
수보리야, 소승법을 즐기는 자는 아상, 인상, 중생상, 수자상
의 소견에 집착되므로 이 경을 알아들을 수도 없고, 받아 지
녀 읽고 외울 수도 없고, 남을 위해 일러줄 수도 없기 때문이
니라. 수보리야, 어디든지 이 경이 있으면 온 세계의 하늘사
람, 인간, 아수라들이 공양을 올리리니, 마땅히 알라.

　이곳은 부처님의 탑과 같으므로 모두가 공경히 예배하고
주위를 돌면서 온갖 꽃과 향을 그 곳에 뿌리리라.”

해 설

(1) 대승, 소승(大乘, 小乘)

　대승(大乘)은 범어로 마하야나(Mahayana)이다. 우리말
로는 큰 수레란 뜻이다.

　사람을 싣고 이상경(理想境)에 이르게 하는데는 교리, 교
설도 훌륭하고 커야 하며 그 이상, 목적도 크고 깊은 것이어
야 한다. 상근기(上根機) 즉, 대보살이 가는 길이며 대보살
이 굴리는 수레가 대승이다. 대승은 대법(大法)을 좋아한다.
한편 소승은 소법(小法)을 좋아하여 그릇이 옹졸하며 자기
중심적이다. 대승의 실천행위자가 보살이라면 소승의 수행자
는 성문, 연각이다.

　대승인은 최상승심(最上乘心)을 발하는 이다.

(2) 아견, 인견, 중생견, 수자견(我見, 人見, 衆生見, 壽者見)

견이란 지견(知見)을 말한다. 즉, 이 경에서 4상을 말씀하시게 된 것은 상을 여의게 하기 위함인데, 아견, 인견, 중생견, 수자견이라는 것은 어리석은 사람들이 4상의 공함을 듣고는 4상이 공하다는 지견만을 내는 경우를 말한다. 부처님의 마음자리, 부처님 세계를 노니는 사람들은 이미 실상(實相)에 계합하였으므로 지견의 주체도 있을 수 없으며 대상도 있을 수 없는 것이다. 결국 4상이 공하다 함은 4상의 지견조차 없어야 옳다. 이 금강경의 도리는 4상이 공한 이치를 밝히므로 4상의 지견에 집착하는 자가 이 경을 청수독송(聽受讀誦)하거나 위인해설(爲人解說)한다면 아직 공부가 덜 된 사람이다.

(3) 작례위요(作禮圍繞)

예를 함은 절을 한다는 뜻이요, 주위를 돈다 함은 보통 오른쪽으로 세 번 도는 것이 상례이다. 탑돌이도 마찬가지다. 오른쪽으로 도는 것은 존경의 표시이다(산스크리트 참조).

강 론

우리는 지금까지 금강경을 공부하면서 때로는 실상을, 때로는 현상을 이야기해 왔다. 실상은 곧 진여(眞如)의 세계요, 현상은 곧 생멸의 세계이다. 이 두 세계는 둘인듯 하나 하나의 세계이다. 생멸의 차원에서 보면 중생들의 모습과 근기는 다르지만 그런 대립 이전의 진여문(眞如門)의 차원에서 본다면 모두 평등하다. 즉, 만법일여(萬法一如)인 것이다. 우리 중생은 우리의 잘못된 인식 즉, 망식(妄識)이 갖가지 차별상을 나타낼 뿐 본체, 즉 진여는 그대로 존재하는 것이다. 본체는 본래 더러움, 깨끗함이 없으나 중생은 스스로 더러움, 깨끗함을 분별한다.

현상은 본래로 아름답고 실상은 말이 없다. 결국 현상은 실상에 뿌리를 두며 실상은 현상으로 존재하는 것이다. 실상과 현상은 둘일 수 없다. 하나로 돌아간 자리, 그곳은 부처님의 미소, 부처님의 부드러운 눈길이 함께 하는 거룩한 곳이다. 아무 시비(是非) 거리가 없으며 아무 아쉬울 것이 없다. 거기는 4상(四相)이 끊어졌기 때문이다.

이 금강경은 밥과 떡을 제공하지는 않지만 모두가 하나되는 법열(法悅)의 세계, 영원한 진리, 아뇩다라삼먁삼보리의 세계로 인도한다. 그러므로 몸의 보시가 여기에 비유될 수 없다. 이 금강경을 수지 독송하고 해설한다 함은 금강경에 대한 선근이 무르익어 이제 막 반야바라밀의 세계에 들어감을 의미한다. 그러니 그 공덕을 어찌 측량할 수 있으랴. 우리는 대승의 보살로서 이미 부처님의 광명, 부처님의 은혜 속에서 살고 있다. 그러므로 여래의 아뇩다라삼먁삼보리 즉, 부처님 세계의 건설을 책임질 수밖에 없는 것이다. 이 우주는 공간적으로 본래 하나이며 시간적으로 본래 하나이다. 차별적인 모든 현상은 우리 중생들의 업식(業識)으로 말미암아 그렇게 분별되어 느껴질 뿐인 것이다. 시공이 하나이며 온 우주가 하나되니 나는 너가 되고 너는 나가 된다. 너, 나의 대립 분별도 없어지고 더럽다, 깨끗하다 등의 모든 분별 의식도 없어진다. 여기서는 보살행이란 말을 빌리는 자체가 어색하다. 왼손이 오른손을 치료하는데 무슨 특별한 이유가 있겠는가?

　나란 개체는 곧 전체 우주요, 우주가 곧 나인 것이다. '나'
라는 상(相)을 버릴 때, 우주는 나의 활동무대며 나의 벗이
며 나의 몸이다. 이웃을 경멸하는 것은 자신을 경멸, 자학하
는 행위이다.

　보살은 이웃을 가벼이 여기지 않는다. 이미 한 몸이며 한
덩어리이기 때문이다. 참으로 이 금강경은 우리 인생의 교과
서이며, 삶의 지침서이다. 내 자신을 더 넓은 세계로 나아가
게 하는 안내자다. 금강경을 수지 독송, 해설하는 곳은 부처
님이 거기 임한다.

　부처님의 자비 공덕이 충만하므로 모든 신장들이 환희하
며 무수한 중생들이 찬탄의 노래를 부른다.

게 송

遍一切處　不着於一切處
遍一切時　不着於一切時

모든 것에 두루하되 그 모든 것에 집착하지 않고
모든 때에 두루하되 그 모든 때에 머물지 않는다

　　　　　　　　　- 六祖 慧能 -

何須他日　待龍華
今朝　先授菩提記

어찌 꼭 다른 날에 용화 미륵불을 기다리리요
금일 아침 먼저 보리의 수기를 주도다

　　　　　　　　　- 冶 父 -

한글편(上)

· 한 글 편 (上) ·

법회인유분 제일

다음과 같이 제가 들었습니다. 어느 때에 부처님께서 사위
국의 기수급고독원에 계실 적에 큰 비구스님들 천이백오십
분도 함께 계셨습니다.

여느 때와 같이 부처님께서는 공양드실 때가 되어감에 따
라 가사를 수하시고 바루를 드시고 사위성으로 들어가시어
탁발하셨습니다. 그 성안에서 차례로 탁발하시고는 다시 본
처소로 돌아오셨습니다. 공양을 다 드시고 바루를 거두시고
가사를 벗으시었습니다.

그리고 발을 씻고 자리를 펴 앉으셨습니다.

선현기청분 제이

이때 장로인 수보리가 대중 가운데 있다가 자리에서 일어
나 바른편 어깨쪽 가사를 벗고 바른편 무릎을 땅에 꿇으며
합장하고 공경스럽게 부처님께 말씀드렸다.

"거룩하십니다. 세존이시여, 부처님은 보살들을 잘 생각하여 보호해 주시며, 보살들에게 잘 부탁하여 맡기십니다.

세존이시여, 신남자 선여인 즉, 착한 보살들이 있어 부처님 세계에 들려는 마음을 내었다면 이들은 어떻게 생활하여야 하며 어떻게 마음을 다스려야 하리이까?"

부처님께서 말씀하셨다.

"오, 그래 그래 착하구나. 수보리야, 너의 말과 같이 여래는 보살들을 잘 생각하여 보호해 주시며 보살들에게 잘 부탁하여 맡기신단다. 자세히 들으라. 너의 묻는 말에 답해 주리라.

착한 보살들이 있어 부처님 세계에 들려는 마음을 내었다면 다음과 같이 생활하며 다음과 같이 마음을 다스려야 하느니라."

"예, 알겠습니다. 세존이시여! 기꺼이 듣고자 하옵니다."

대승정종분 제삼

부처님께서 수보리에게 말씀하셨다.

"대보살들은 꼭 다음과 같이 마음을 다스려야 하느니라.

'이 세상의 온갖 생명체들 이를테면 알에서 태어났거나 태에서 태어났거나 습기에서 태어났거나 갑자기 변화하여 태어났거나 하늘나라의 색계, 무색계에 태어났거나 무색계 하늘 중 유상천, 무상천, 비유상비무상천에 태어났거나 모두 내가 저 영원한 부처님 세계에 들도록 인도하리라' 라고 서원 세우라.

이와 같이 헤아릴 수 없는 생명체들을 부처님 세계로 인도하는데 실지로는 인도를 받은 중생이 없느니라.

어떤 까닭이겠느냐?

수보리야, 만약에 보살이 자기가 제일이라는 모습 즉, 아상이 있다거나 나와 남을 나누어서 보는 모습 즉, 인상이 있다거나 재미있고 호감가는 것만을 본능적으로 취하는 모습 즉, 중생상이 있다거나 영원한 수명을 누려야지 하는 모습 즉, 수자상이 있다면 이는 보살이 아니기 때문이니라.

묘행무주분 제사

또한 수보리야 보살은 반드시 대상에 매이지 말고 보시를 하여야 하느니라.

이른바 형색, 소리, 냄새, 맛, 촉감, 기존관념을 떠나서 보시할지니라.

수보리야 보살은 꼭 이와 같이 보시하면서 자기가 보시를 한다는 생각도 내지 말지니라.

왜냐하면 만약에 보살이 자기가 보시를 한다는 생각없이 보시를 하면 그 복덕이 헤아릴 수 없이 크기 때문이니라.

수보리야 어떻게 생각하느냐? 동쪽 허공의 크기를 가히 생각으로 헤아릴 수 있겠느냐?"

"헤아릴 수 없습니다. 세존이시여."

"남, 서, 북, 남서, 남동, 북서, 북동, 상, 하, 곧 이들의 허공의 크기를 가히 생각으로 헤아리겠느냐?"

"헤아릴 수 없습니다. 세존이시여."

"수보리야, 보살이 자기가 한다는 생각없이 보시한 복덕도 이처럼 엄청나서 가히 생각으로 헤아릴 수 없느니라. 수보리야, 보살은 이처럼 반드시 가르쳐 준 대로만 마음을 내고 생활할지니라.

여리실견분 제오

수보리야, 너의 생각은 어떠하냐? 몸의 형색을 보고 참 부처님을 알 수 있다고 생각하느냐?"

"모릅니다. 세존이시여, 몸의 형색을 보고는 참 부처님을 알 수 없습니다. 왜냐하면 부처님께서 말씀하신 몸의 형색은 곧 몸의 형색이 아니기 때문입니다."

부처님께서 수보리에게 말씀하셨다.

"존재하고 있는 모든 정신적, 물질적인 것은 실체가 없고 끊임없이 변하는 것이니 만일 이와 같은 줄을 알면 부처님 세계를 보리라."

정신희유분 제육

수보리가 부처님께 사뢰었다.

"세존이시여, 중생들이 이와 같은 4구게의 말씀을 듣고 실지로 믿으오리까?"

부처님이 수보리에게 말씀하셨다.

"그런 말하지 말아라. 내가 육신의 몸을 버리고 진리의 세계로 든 뒤 이천오백년 후에라도 수계하고 복을 닦는 자가 있으면 능히 이 4구게에 신심을 내어 이를 진실한 것으로 여기리라.

마땅히 알라. 이 사람은 한 부처님이나 두 부처님이나 셋, 넷, 다섯 부처님에게서만 선근을 심은 것이 아니라, 이미 한량없는 부처님께 여러 선근을 심었으므로 이 4구게를 듣고 한 생각에 깨끗한 믿음을 내느니라.

수보리야, 여래는 중생들이 깨끗한 믿음을 내는 무량공덕을 얻는 줄을 다 알고 다 보느니라. 왜냐하면 깨끗한 믿음을 낸 중생들은 다시는 자기가 제일이라는 모습(아상)이 없으며 나와 남을 나누어 보는 모습(인상)이 없으며 재미있고 호감가는 것만을 본능적으로 취하는 모습(중생상)이 없으며 영원한 수명을 누려야지 하는 모습(수자상)이 없기 때문이니라. 또한 이들에게는 객관의 대상(법상)도 없으며 대상 아닌 모습(비법상)도 없느니라.

왜냐하면 만일 중생들의 마음에 생각을 가지면 곧 아상, 인상, 중생상, 수자상을 가짐이 되며 만약 법상을 취하더라도 곧 아상, 인상, 중생상, 수자상을 가지게 되느니라. 법 아닌 상을 취하더라도 이는 곧 아상, 인상, 중생상, 수자상을 가지게 되는 셈인데 하물며 법상이랴!

그러므로, 마땅히 객관의 대상에도 매이지 말며 대상 아닌 모습에도 매이지 말지니라.

이런 이유로 내가 항상 이르되 나의 설법을 뗏목에 비유하였느니라.

법도 버려야 하는데 하물며 비법에 매여서 되겠느냐.

무득무설분 제칠

　수보리야 너는 어떻게 생각하느냐? 여래가 부처님 세계를 얻었다고 생각하느냐? 여래가 설한 법이 있다고 생각하느냐?"

　수보리가 아뢰었다.

　"제가 부처님의 말씀하신 뜻을 알기로는 부처님 세계라고 이름할 만한 일정한 법이 없으며, 여래께서 설하셨다고 할 만한 일정한 법도 없습니다. 왜냐하오면 여래가 설하신 법은 다 취할 수도 없으며, 다 말할 수도 없으며, 법도 아니고 법 아님도 아니기 때문입니다. 그것은 모든 현인이나 성인들이 다 무위법 가운데 여러 가지 차별이 있는 까닭이옵니다."

의법출생분 제팔

　"수보리야, 어떻게 생각하느냐? 만약 어떤 사람이 삼천대천 세계에 칠보를 가득히 쌓아서 보시를 한다면 이 사람의 지은 복덕이 많지 않겠느냐?"

　수보리가 대답하였다.

　"매우 많겠습니다. 세존이시여 왜냐하면 이 복덕은 참다운 복덕의 성질이 아니기 때문에 여래께서 복덕이 많다 하셨습니다."

　"만약 또 어떤 사람이 이 경 가운데서 4구게 만이라도 받아 지니고 다른 사람을 위하여 말하여 주면 그 복덕은 저 칠보를 보시한 복덕보다 더 나으리니, 왜냐하면 일체의 모든 부처님과 모든 부처님의 아뇩다라삼먁삼보리법이 모두 이

경에서 나왔기 때문이니라. 수보리야, 불법이라는 것은 곧
불법이 아니니라.

일상무상분 제구

수보리야 어떻게 생각하느냐? 수다원이 능히 '내가 수다원
과를 얻었다'는 생각을 가지겠는가?"

수보리가 사뢰었다.

"아니옵니다. 세존이시여, 왜냐하면 수다원은 성인의 류에
든다는 말이오나 실로는 들어간 바가 없습니다. 형상이나 소
리, 냄새, 맛, 닿임, 법에 물들지 아니한 까닭에 이름을 수다
원이라 할 뿐입니다."

"수보리야, 어떻게 생각하느냐? 사다함이 능히 '내가 사다
함과를 얻었다'는 생각을 가지겠느냐?"

수보리가 사뢰었다.

"아니옵니다. 세존이시여, 왜냐하면 사다함은 한 번 갔다
온다는 말이오나 실로는 가고 옴이 없을 새, 이름을 사다함
이라 합니다."

"수보리야, 어떻게 생각하느냐? 아나함이 능히 '내가 아나
함과를 얻었다'는 생각을 가지겠느냐?"

수보리가 사뢰었다.

"아니옵니다. 세존이시여, 왜냐하면 아나함은 갔다 오지
않는다는 말이오나 실로는 오지 않음이 없을 새, 이름을 아
나함이라 하옵니다."

"수보리야, 어떻게 생각하느냐? 아라한이 능히 '내가 아라

한과를 얻었다'는 생각을 가지겠느냐?"

수보리가 사뢰었다.

"아니옵니다. 세존이시여, 왜냐하면 실로는 법이 있지 않는 까닭에 아라한이라 이름할 뿐입니다. 세존이시여, 만약 아라한이 '내가 아라한과를 얻었다'하면 곧 아상, 인상, 중생상, 수자상에 걸리기 때문입니다.

세존이시여, 부처님께서는 제가 번뇌와 다툼을 여읜, 삼매를 얻은 사람 가운데에서 가장 제일이라 하셨습니다. 이는 욕심을 떠난 아라한 가운데 제일이라는 말씀이오나 세존이시여, 저는 '내가 욕심을 떠난 아라한이다'하는 생각을 갖지 않습니다. 세존이시여, 제가 만약 아라한도를 얻었다는 생각을 가졌다면 세존께서는 '수보리가 아란나행을 좋아하는 자'라고 말씀하시지 않았을 것이오니, 실은 제가 그러지 않았으므로 '수보리는 아란나행을 좋아한다'고 하셨습니다."

장엄정토분 제십

부처님께서 말씀하셨다.

"수보리야, 어떻게 생각하느냐? 여래가 옛적에 연등 부처님 처소에서 법을 얻은 바가 있다고 생각하느냐?"

"아니옵니다. 세존이시여, 여래가 연등 부처님 처소에 계실적에 실로 얻은 바가 없습니다."

"수보리야, 어떻게 생각하느냐? 보살들이 불국토(佛國土)를 장엄한다고 생각하느냐?"

"아니옵니다. 세존이시여, 왜냐하면 불국토를 장엄한다는 것은 곧 장엄이 아니므로 장엄이라 이름하나이다."

"그러므로 수보리야, 모든 대보살들은 꼭 다음과 같이 청정한 마음을 낼지니 즉, 형상에 머물러서 마음을 내지도 말고, 소리 · 냄새 · 맛 · 닿임 · 법에 머물러서 마음을 내지도 말아야 하나니 마땅히 아무데도 집착하는 바 없이 그 마음을 낼지어다.

수보리야, 비유컨대 어떤 사람의 몸이 수미산왕만하다면, 어떻게 생각하느냐? 몸이 크다고 하겠느냐?"

수보리가 말씀드리기를

"매우 크옵니다. 세존이시여, 왜냐하면 부처님께서 참다운 진리적 몸이 아닌 몸을 말씀하시기 때문에 큰 몸이라 이름하신 것이옵니다."

무위복승분 제십일

"수보리야, 갠지스강에 있는 모래 수처럼 많은 갠지스강들이 있다면, 어떻게 생각하느냐? 이 많은 강들에 있어서 모래 수효가 많지 않겠느냐?"

수보리가 대답하였다.

"대단히 많겠습니다. 세존이시여 그 강들의 수만도 무수히 많을 텐데 그 많은 강들에 있어서 모래 수이겠습니까?"

"수보리야, 내가 지금 진실로 말하노니, 어떤 선남자 선여인이 있어서 일곱 가지 보물로, 그 숱한 강들의 모래 수만큼 많은 삼천대천세계를 가득히 채워 보시한다면 그 복덕이 많지 않겠느냐?"

"매우 많겠나이다. 세존이시여."

부처님께서 수보리에게 말씀하셨다.

"만일 어떤 선남자 선여인이 이 경 가운데에서 4구게만이라도 받아지니고 다른 사람에게 설명해 주면 이 복덕은 앞에서의 일곱가지 보물로 보시한 복덕보다 훨씬 나으리라.

존중정교분 제십이

또한 수보리야, 어디서나 이 경을 설하되 4구게만 설하더라도 이곳은 온 세계의 하늘이나 인간이나 아수라들이 모두 응당 공양하기를 부처님의 탑에 공양하듯 할 것이어늘, 하물며 어떤 사람이 끝까지 경을 수지 독송함에 있어서랴. 수보리야 꼭 알지니라.

이 사람은 가장 높고 제일가는 거룩한 법을 성취할 것이니, 만약 이 경전이 있는 곳은 곧 부처님과 훌륭한 제자가 계신 곳이 되느니라."

여법수지분 제십삼

그때에 수보리가 부처님께 말씀드렸다.

"세존이시여, 이 경의 이름을 무엇이라 하오며 우리들이 어떻게 받들어 지니오리까?"

부처님께서 수보리에게 이르시었다.

"이 경의 이름은 금강반야바라밀경이니 이 이름의 글자 그대로 꼭 받들어 지닐지니라. 왜냐하면 내가 말하는 반야바라

밀은 반야바라밀이 아니라 그 이름이 반야바라밀인 까닭이
니라. 수보리야, 어떻게 생각하느냐? 여래가 설한 법이 있겠
느냐? 없겠느냐?"

수보리가 부처님께 말씀드렸다.

"세존이시여, 여래께서 설한 법이 없습니다."

"수보리야 어떻게 생각하느냐? 삼천대천세계에 있는 티끌
을 많다고 하겠느냐? 적다고 하겠느냐?"

수보리가 대답하기를

"엄청나게 많습니다. 세존이시여."

"수보리야, 모든 티끌은 티끌이 아니라 그 이름이 티끌이
며, 세계도 세계가 아니라 그 이름이 세계이니라. 수보리야,
어떻게 생각하느냐? 32상의 형상으로써 여래를 볼 수 있겠
느냐?"

"못봅니다. 세존이시여, 32상의 형상을 가지고는 여래를
볼 수 없습니다. 왜냐하오면 여래께서는 32상의 형상은 상이
아니요, 그 이름이 32상이라고 하셨기 때문입니다."

"수보리야, 만약에 어떤 선남자 선여인이 저 갠지스강의
모래 수만큼이나 많은 몸과 목숨으로써 보시를 하여도, 또
다른 어떤 사람이 이 경 가운데 네 구절만이라도 수지하고
다른 이에게 들려주면, 그 복이 훨씬 더 많으리라."

이상적멸분 제십사

그때에 수보리가 이 경 설하심을 듣고, 깊이 그 뜻을 이해
하고 감격하여 흐느껴 울면서 부처님께 말씀드렸다.

"참으로 희한하고 거룩한 일입니다. 세존이시여! 부처님께서 이렇게 뜻이 깊고 깊은 경전을 설하심은 제가 지금까지 얻은 바 지혜의 눈으로써는 일찌기 이와 같은 경을 들어 보지 못하였습니다.

세존이시여, 만약 또 어떤 사람이 이 경 말씀을 듣고 믿는 마음이 청정하면 우주 인생의 참다운 모습 즉, 실상(實相)을 깨닫게 될 것이니 마땅히 이 사람은 이 세상에서 제일 드문 공덕을 성취할 줄로 압니다. 세존이시여, 이 실상이라는 것은 곧 상이 아니므로, 여래께서 그 이름이 실상이라고 말씀하시었습니다. 세존이시여, 제가 지금에 이 경 말씀을 듣고, 믿고, 이해하고 받아지니기는 과히 어렵지 않사옵니다만, 만약에 앞으로 다가올 2천 5백년 경에 그 어떤 중생이 이 경 말씀을 듣고 믿고 이해하고 받아지닌다면, 이 사람의 행위는 이 세상에서 가장 희한하며 거룩한 일이 되겠습니다. 왜냐하오면 이 사람은 아상, 인상, 중생상, 수자상이 없기 때문입니다. 그것은 무슨 까닭이냐 하면 아상이 곧 상이 아니요, 인상, 중생상, 수자상도 곧 상이 아니기 때문입니다. 왜냐하오면, 일체의 모든 상에서 벗어나야 곧 부처님 경지라고 이름하기 때문입니다."

부처님께서 수보리에게 이르셨다.

"그러하니라, 그러하니라, 만약에 이 경을 얻어 듣고 놀라지도 않으며, 겁내지도 않으며, 두려워하지도 않는다면 이 사람은 매우 훌륭한 사람임을 알아야 한다. 왜냐하면 수보리야, 여래가 말하는 제일바라밀은 제일바라밀이 아니라 그 이름이 제일바라밀이기 때문이니라. 수보리야, 인욕바라밀도

인욕바라밀이 아니라 그 이름이 인욕바라밀이라고 여래가
말씀하셨는데, 왜냐하면 수보리야, 내가 옛날 가리왕에게 몸
을 베이고 잘리고 할 그 때에도 나에게는 아상이 없었으며,
인상도 없었고, 중생상도 없었고, 수자상도 없었느니라. 왜
냐하면 내가 지난 그때에 마디마디와 사지를 찢길 때, 만약
아상이나 인상, 중생상, 수자상이 있었더라면 응당 성내고
원망하는 마음을 내었을 것이기 때문이니라. 수보리야, 또
저 옛날 오백세에 욕됨을 참는 신선이 되었던 때를 생각하니
그 세상에서도 아상, 인상, 중생상, 수자상이 없었느니라.

그러므로 수보리야, 보살은 마땅히 일체의 상을 떠나서 아
뇩다라삼먁삼보리 즉, 부처님 세계에 들려는 마음을 내어야
할 것이니, 응당 색에 머물러 마음을 내지 말며, 소리, 냄새,
맛, 느낌, 생각의 대상에 머물러 마음을 내지 말지니라. 마땅
히 머무름이 없는 마음을 내어야 하느니라. 만약에 마음에
머무름이 있다면 곧 머무름이 아니기 때문이니라. 그러므로
부처님께서 말씀하시기를, '보살의 마음은 색에 머무른 보시
를 하지 않는다' 하였느니라.

수보리야, 보살은 일체중생을 이익되게 하기 위하여 마땅
히 이와 같이 보시를 해야 하느니라. 여래가 말씀하시기를
일체의 모든 상이 곧 상이 아니라고 하였으며, 또 말씀하시
기를 일체중생이 곧 중생이 아니라고 하였느니라.

수보리야 여래는 참된 말을 하는 분이며, 실다운 말을 하
는 분이며, 있는 그대로 말을 하는 분이며, 속이지 않는 말
을 하는 분이며, 다르지 않는 말을 하는 분이니라.

수보리야 여래가 얻은 이 법은 진실도 아니고 거짓도 아니

니라. 수보리야, 만약에 보살이 마음을 법에 머물러 보시를 하면, 사람이 어둠에 들어가 모든 것을 볼 수가 없는 것과 같고, 만약에 보살이 마음을 법에 머무르지 않고 보시를 하면, 사람이 눈이 있고 햇빛이 있어 여러 가지 모양을 보는 것과 같느니라.

수보리야, 장차 오는 세상에 만약 선남자 선여인이 있어 능히 이 경을 수지하고 독송하면 곧 여래가 부처님 지혜로써 이 사람들을 다 아시고, 이 사람들을 다 보아서 한량없고 끝없는 공덕을 모두 성취케 하느니라.

지경공덕분 제십오

수보리야, 만일 선남자 선여인 즉, 착한 보살들이 있어서 아침에 갠지스강의 모래 수만큼의 숫자로 몸을 바쳐 보시하고, 낮에도 갠지스강의 모래 수만큼의 숫자로 몸을 바쳐 보시하고, 저녁에도 또한 갠지스강의 모래 수만큼의 숫자로 몸을 바쳐 보시를 하는데 이렇게 하여 한량없는 백천만억겁 세월을 통하여 몸으로 보시하더라도, 어떤 사람이 이 경전의 법문을 듣고 믿는 마음으로 거역하지만 않는다면, 그 복덕이 몸을 바쳐 보시하는 것보다 훨씬 뛰어나거늘 하물며 이 경을 쓰고 받아지니고, 읽고, 외우고 남에게 해설해 줌에 있어서랴.

수보리야, 중요한 것을 말하건대 이 경에는 가히 생각할 수도 없고, 헤아릴 수도 없고, 끝도 없는 공덕이 있나니, 여래는 대승의 마음을 낸 이를 위하여 이 경을 말했으며 가장 높은 마음을 낸 이를 위하여 이 경을 설했느니라.

만약에 어떤 사람이 이 경전을 받아 지니고 읽고, 외우고, 여러 사람들에게 일러주면, 여래가 이 사람을 다 알고, 다 보나니 모두가 한량없고, 말할 수 없고, 끝없는 불가사의한 공덕을 성취하리니 이와 같은 사람들은 곧 여래의 아뇩다라 삼먁삼보리 즉, 부처님 세계 건설을 책임질 것이니라.

왜냐하면 수보리야, 소승법을 즐기는 자는 아상, 인상, 중생상, 수자상의 소견에 집착되므로 이 경을 알아 들을 수도 없고, 받아지녀 읽고, 외울 수도 없고, 남을 위해 일러줄 수도 없기 때문이니라. 수보리야, 어디든지 이 경이 있으면 온 세계의 하늘사람, 인간, 아수라들이 공양을 올리리니 마땅히 알라. 이곳은 부처님의 탑과 같으므로 모두가 공경히 예배하고 주위를 돌면서 온갖 꽃과 향을 그 곳에 뿌리리라."

金剛般若波羅蜜經 - 下
(금강반야바라밀경 - 하)

能淨業障分 第十六
(능정업장분 제십육)

能淨業障(능정업장)
  능히 업장을 깨끗이 함.

• 본 문 •

1

한 문

復次 須菩提 善男子 善女人 受持讀誦此經 若
부차 수보리 선남자 선여인 수지독송차경 약

爲人輕賤 是人 先世罪業 應墮惡道 以今世人
위인경천 시인 선세죄업 응타악도 이금세인

輕賤故 先世罪業 卽爲消滅 當得
경천고 선세죄업 즉위소멸 당득

阿耨多羅三藐三菩提
아뇩다라삼먁삼보리

한 글

"그리고 수보리야, 선남자 선여인이 이 경을 받아지니며 읽고 외우는데도 만약 남에게 업신여김을 당하면 이 사람은 전생에 지은 죄업으로 마땅히 악도에 떨어질 것이지만, 금생의 사람들이 업신여김으로써 전생의 죄업이 모두 소멸되고 마땅히 아뇩다라삼먁삼보리를 얻으리라."

해 설

(1) 능정업장 : 능히 업장을 깨끗이 함.
(2) 선남자 선여인 : 선근이 있는 중생. 보리심을 발한 착한 사람들.
(3) 악도 : 나쁜 세상. 지옥, 아귀, 축생.
(4) 아뇩다라삼먁삼보리 : 위없이 바르고 평등한 깨달음. 부처님 세계(무상정등정각 : 無上正等正覺).
(5) 경천(輕賤) : 때리고 꾸짖고 업신여기고 헐뜯고 욕함.

강 론

사바세계는 늘 어려운 곳이다. 그런데 이제 우리는 아상, 인상 등의 4상을 깨부수는 금강경의 고귀한 말씀을 만남으로써 잡다한 번뇌와 원망하는 마음이 사라지게 되었다. 죄업이 형상을 이루어서 보리의 길을 장애하였으나, 그 무거운 짐은 순간순간 반야바라밀을 실천함으로써 완전히 벗어지게 되었다. 금세(今世)의 깨달은 마음이 전세(前世)의 망령된 마음을 업신여김으로써 봄날에 눈 녹듯 죄업은 녹아지고 아뇩다라삼먁삼보리의 세계는 전개되는 것이다.

2

한 문

須菩提	我念	過去無量阿僧祇劫	於燃燈佛前
수 보 리	아 념	과 거 무 량 아 승 지 겁	어 연 등 불 전

得値　八百四千萬億　那由他諸佛　悉皆供養承事
득치　팔백사천만억　나유타제불　실개공양승사

無空過者　若復有人　於後末世　能受持讀誦此經
무공과자　약부유인　어후말세　능수지독송차경

所得功德　於我所供養　諸佛功德　百分不及一
소득공덕　어아소공양　제불공덕　백분불급일

千萬億分　乃至算數譬喻　所不能及
천만억분　내지산수비유　소불능급

한 글

"수보리야, 내가 과거 무량아승지겁을 생각하니 연등부처님을 뵙기 전에 8백 4천만억 나유타의 여러 부처님을 만나서 모두다 공양하고 받들어 섬겼으며, 헛되이 지냄이 없었느니라. 만약, 그리고 어떤 사람이 이 다음 말법 세상에 이 경을 받아 지니고 읽고 외우면, 그 얻는 공덕은 내가 여러 부처님께 공양한 공덕으로는 미치지 못하며 산수와 비유로도 미칠 수 없느니라."

해 설

(1) 아승지 : 많은 수효를 표시하는 단위. 무수(無數)

(2) 겁 : 아주 오랜 세월. 인도에서는 4억3천2백만년의 기간

(3) 나유타 : 극히 많은 수효를 표시하는 막연한 단위. 인도에서는 천억을 나타냄(10억 = 낙차, 10낙차 = 구지, 10구지 = 나유타)

강 론

부처는 밖을 향해서 얻어지는 것이 아니다. 만일 부처를 보고자 하면 오직 모름지기 자기 마음을 살펴야 한다. 한 순간에 무상(無相)의 이치를 깨달아서, 중생심의 잘못된 견해를 멀리 여의면 바로 그곳은 무여열반의 자리가 된다. 바로 이 금강경은 모든 상을 떠난 깨끗한 믿음을 일으키게 하여 견성성불(見性成佛)에 이르게 하므로 그 공덕이 무량하다.

3

한 문

須菩提 若善男子 善女人 於後末世
수보리 약선남자 선여인 어후말세

有受持讀誦此經 所得功德 我若具說者
유수지독송차경 소득공덕 아약구설자

或有人聞 心卽狂亂 狐疑不信
혹유인문 심즉광란 호의불신

한 글

"수보리야, 만약 선남자 선여인이 이 다음 말법 세상에 이 경을 받아지니며 읽고 외워서 얻는 공덕을 내가 다 갖추어 말한다면, 혹 어떤 사람은 마음이 몹시 산란하여 의심하고 믿지 아니하리라."

해 설

호의불신:여우처럼 의심하며 믿지 아니함.

강 론

덕이 엷고 번뇌는 무거우며 질투는 더욱 깊어져서 삿된 견해가 치성한 법말세(法末世)에는 무상심(無相心)을 성취하고 무상행(無相行)을 행하는 성자들을 알아보지 못한다. 아뇩다라삼먁삼보리를 아예 생각지 못하며 자기의 아만이 앞길을 가려 오히려 정법수행자들을 미쳤다고 소리친다. 업장이 두터운 중생들은 여래 즉 부처님의 정법이 멸하지 않고 항상 존재하고 있음을 알지 못한다. 그러나, 그렇지 않다. 선근이 있는 선남자 선여인들이 모든 상(相)을 떠나서 본래의 얻을 바 없음을 깨달아서 항상 자비희사(慈悲喜捨)의 보살도를 행하면 바로 그곳은 부처님의 자리가 되리라. 혹시 내 마음이 바른 길을 걷고 있는 나의 동료들에 대해서 의심하고 미운 생각이 난다면 이 다음 생의 업장은 어떻게 할꼬하고 스스로에게 물어보라. 그 죄업이 수미산을 넘으리라.

금강경은 그만큼 위대한 공덕을 지니고 있다.

4

한 문

| 須菩提 當知 是經義 不可思議 果報 亦不可思議 |
| 수보리 당지 시경의 불가사의 과보 역불가사의 |

한 글

"수보리야, 마땅히 알아라. 이 경은 뜻도 가히 생각할 수 없으며 과보도 또한 불가사의 하느니라."

강 론

금강경은 아뇩다라삼먁삼보리를 성취하게 한다. 이 경의 속 뜻에는 무착(無着), 무상(無相)의 행(行)을 내포하고 있다.

경을 비방하고 정법을 비방하는 중생은 영원히 길을 잃고 미(迷)한 삶을 살 것이므로 참된 성품은 허공과 같아서 동요하지 않음을 알지 못한다. 전후(前後)가 없음을 깨달으면 성불(成佛)이 더디지 않을 것인데 중생들은 맞지도 않은 자기의 자로써 부처님의 키를 재려고 설친다.

게 송

不因一事면 不長一智니라
讚不及毀不及이라, 若了一萬事畢이로다
無欠無餘若太虛어늘 爲君題作波羅蜜이로다

一大事를 因하지 않으면 一切智가 자라지 못하니라
칭찬도 미치지 못하고, 헐뜯음도 미치지 못함이라
만약 하나를 요달하면 만사를 마침이로다
모자람도 없고 남음도 없는 것이 큰 허공과 같거늘
그대를 위해서 '바라밀'이라 제목을 붙이도다

- 冶 父 -

究竟無我分 第十七
(구경무아분 제십칠)

究竟無我(구경무아)

구경에는 무아임.

• 본 문 •

1

한 문

爾時　須菩提　白佛言　世尊　善男子　善女人
이시　수보리　백불언　세존　선남자　선여인

發阿耨多羅三藐三菩提心　云何應住　云何降伏
발아녹다라삼먁삼보리심　운하응주　운하항복

其心　佛告須菩提　若善男子　善女人　發阿耨多羅
기심　불고수보리　약선남자　선여인　발아녹다라

三藐三菩提心者　當生如是心　我應滅度
삼먁삼보리심자　당생여시심　아응멸도

一切衆生　滅度一切衆生已　而無有一衆生
일체중생　멸도일체중생이　이무유일중생

實滅度者
실멸도자

한 글

그때에 수보리가 부처님께 사뢰었다.

"세존이시여, 선남자 선여인이 아뇩다라삼먁삼보리의 마음을 내고는 어떻게 머물러야 되며 어떻게 그 마음을 항복받으리이까?"

부처님께서 수보리에게 말씀하셨다.

"선남자 선여인이 아뇩다라삼먁삼보리의 마음을 내었거든 마땅히 이러한 마음을 낼지니, '내가 응당 일체 중생을 멸도하리라' 하라.

일체중생을 멸도한다고는 하지만 실제에는 한 중생도 멸도될 이가 없나니."

해 설

구경무아 : 구경에는 무아임

강 론

일체 중생을 멸도한다함은 자비로써 모든 중생을 교화, 열반에 이르게 한다는 뜻이다. 중생을 사랑하지 않는 불교는 이미 불교가 아니다.

중생을 사랑하는 가장 근원적이고 확실한 일은 인연닿는 모든 순간 순간 그들 중생을 멸도케 함이다.

한 중생도 남김없이 열반에 이르도록 원을 세운 보살이야말로 부처님의 진정한 벗이다.

그러면서, 진정한 보살은 일체 중생이 모두 성불하였다하더라도 자기가 제도했다는 생각을 내지 않는다.

이미 지혜가 진리에 계합해서, 교화했다는 생각을 내지 않기 때문이다. 이미 그는 능소심(能所心:상대적인 분별심)을 없앴으며, 중생이 있다는 견해를 없앴으며, '나'라는 견해를 없앴기 때문이다.

2

한 문

何以故 須菩提 若菩薩 有我相 人相 衆生相
하 이 고 수 보 리 약 보 살 유 아 상 인 상 중 생 상

壽者相 即非菩薩 所以者何 須菩提
수 자 상 즉 비 보 살 소 이 자 하 수 보 리

實無有法 發阿耨多羅三藐三菩提心者
실 무 유 법 발 아 녹 다 라 삼 먁 삼 보 리 심 자

한 글

"무슨 까닭이겠는가? 만약 보살이 아상, 인상, 중생상, 수자상이 있으면 보살이 아니기 때문이니라. 그 까닭이 무엇이겠는가?

수보리야, 실로 법이 있어서 아뇩다라삼먁삼보리심을 발한 것이 아니기 때문이니라."

해 설

(1) 아 상 : 자기가 제일이라는 생각, 모습(용모, 건강, 재
           산 등)
(2) 인 상 : 남을 차별하는 생각, 모습(무시, 지역감정 등)
(3) 중생상 : 호감가는 것만을 취하려는 생각, 모습(낚시,
           자연파괴, 좋고 나쁨의 비교의식)
(4) 수자상 : 영원함에 집착하는 생각, 모습(수명, 건강, 권
           좌 등)

강 론

중생과 부처가 본래 다름이 없건만 4상이 있어서 그 두 부
류는 10만 8천리 떨어져 있다. 4상이 있으면 곧 중생이요,
4상이 없으면 곧 부처이다.

미(迷)하면 곧 중생이 되고 깨달으면 곧 부처(佛)이다.

만일 보살이 중생을 제도할 것이 있다고 보면 아상이며,
중생을 제도하는 마음이 있으면 곧 인상이요, 열반을 구한다
이르면 중생상이며, 열반을 가히 누릴 것(증득할 것)이 있다
고 보면 곧 수자상이 된다.

보살은 이미 '부처'라는 그 위대한 이름을 자기의 것으로
해서 살아가기 때문에 4상이 없다. 보살은 '내가 능히 중생
을 제도하며 나는 제도할 만한 위치에 있다'고 능소(能所)를
구별짓지 아니한다.

실제의 진리 그 자리에는 아(我), 인(人)이 본래 없고 능

소(能所)가 본래 없어 늘 고요하기 때문이다.

'나는 아직 보리심을 발하지 않았다' '나는 아직 보살 자격이 없다'고 맘을 먹더라도 이것 또한 아, 인, 중생, 수자상의 법이 되니 이 또한 번뇌의 근본이 된다.

절을 찾는 보살들이여, 우리들은 우리 마음을 청산(靑山)에 두어야 하겠는가? 도시에 두어야 하겠는가?

3

한 문

須菩提 於意云何 如來 於燃燈佛所 有法
수보리 어의운하 여래 어연등불소 유법

得阿耨多羅三藐三菩提不 不也 世尊
득아뇩다라삼먁삼보리부 불야 세존

如我解佛所說義 佛於燃燈佛所 無有法
여아해불소설의 불어연등불소 무유법

得阿耨多羅三藐三菩提 佛言 如是如是 須菩提
득아뇩다라삼먁삼보리 불언 여시여시 수보리

實無有法 如來得阿耨多羅三藐三菩提 須菩提
실무유법 여래득아뇩다라삼먁삼보리 수보리

若有法 如來得阿耨多羅三藐三菩提者
약유법 여래득아뇩다라삼먁삼보리자

燃燈佛 卽不與我授記 汝於來世 當得作佛
연등불 즉불여아수기 여어내세 당득작불

號釋迦牟尼 以實無有法 得阿耨多羅三藐三菩提
호석가모니 이실무유법 득아뇩다라삼먁삼보리

是故 燃燈佛 與我授記 作是言 汝於來世
시고 연등불 여아수기 작시언 여어내세

當得作佛 號釋迦牟尼
당득작불 호석가모니

한 글

"수보리야, 어떻게 생각하느냐. 여래가 연등불 처소에서 법이 있어 아뇩다라삼먁삼보리를 얻었느냐?"

"아닙니다. 세존이시여, 제가 부처님께서 말씀하신 뜻을 이해하기에는 부처님이 연등불 처소에서 법이 있어 아뇩다라삼먁삼보리를 얻은 것이 아닙니다."

부처님이 말씀하시되,

"그러하느니라. 그러하느니라."

"수보리야, 실로 법이 있어서 여래가 아뇩다라삼먁삼보리를 얻음이 아니니라.

수보리야, 만약 법이 있어서 여래가 아뇩다라삼먁삼보리를 얻었다면 연등불이 곧 나에게 수기를 주면서 '너는 내세에 마땅히 부처를 이루리니 호를 석가모니라 하라'고 하시지 않았으려니와 실로 법이 있어서 아뇩다라삼먁삼보리를 얻은 것이 아니므로 이 까닭에 연등불이 나에게 수기를 주시면서 말씀하시되 '너는 내세에 마땅히 부처를 이루리니 호를 석가모니라 하리라'고 하셨느니라."

강 론

아뇩다라삼먁삼보리심을 낼 법이 본래 없다.

그리고 보리심을 낼 법이 없다면 보리심을 낼 사람도 없다. 보리심을 낼 사람이 없다면 보살도 없다. 그런데 석가모니 부처님께서는 과거 연등부처님 앞에서 보살행을 닦으며 보리심을 일으켰다. 그리고 수기를 받았다.

이 둘의 모순관계를 어떻게 정리할 것인가? 석가모니 부처님이 선혜보살로 있을 때 연등불로부터 수기를 받았다. 그런데, 선혜보살은 아무것도 얻은 바가 없었다.

오히려 아무것도 얻은 법이 없었기 때문에 수기를 받았다.

만일 얻은 법이 있었다면 마음의 잔상, 4상이 있었으므로 인가를 받지 못했을 것이다. 얻었다는 상이 있다면 보리를 이루었다 말할 수 없다.

득(得), 실(失)이란 말은 미(迷)와 오(悟)를 대비해서 말들하지만 미, 오가 본래 없는데 일찍이 무엇을 얻었다 하고 무엇을 잃었다 하리요.

청정본연(淸淨本然)의 자리에 서고 보면 그 어떤 것도 장애받지 않는다. 얻었다는 말도 군말이며, 잃었다는 말은 더욱 맞지 않는다.

일체의 모든 번뇌, 사악한 생각은 본래부터 존재한 것이 아니라서 아, 인, 중생, 수자상이 없어지면 저절로 평정되는 것이다.

단지 성인은 하지 않아도 될 말을 자비의 이름으로 용(用)을 삼는다.

게 송

空生이 重請問에 無心爲自身이니 欲發菩提者는

當了現前因이니라. 行悲에 疑似妄이요 用智에

最言眞이라. 度生權立我요 證理卽無人이니라

수보리가 거듭 물음을 청하매 무심으로 자신을 삼음이니, 보리심을 발하고자 하면 마땅히 앞에 나타난 요인을 요달할 지니라. 자비를 행함에 妄인듯 의심함이요 지혜를 씀에 가장 참답다고 말하도다. 중생을 제도하기 위해 방편으로 我를 세움이요, 이치를 증득하면 곧 人이 없느니라.

- 傅大士 -

4

한 문

何以故 如來者 卽諸法如義 若有人言
하 이 고 여래자 즉제법여의 약유인언

如來得阿耨多羅三藐三菩提 須菩提 實無有法
여 래 득 아 녹 다 라 삼 먁 삼 보 리 수 보 리 실 무 유 법

佛得阿耨多羅三藐三菩提 須菩提 如來所得
불 득 아 녹 다 라 삼 먁 삼 보 리 수 보 리 여 래 소 득

阿耨多羅三藐三菩提 於是中 無實無虛 是故
아 녹 다 라 삼 먁 삼 보 리 어 시 중 무 실 무 허 시 고

如來 說一切法 皆是佛法 須菩提 所言一切法者
여 래 설 일 체 법 개 시 불 법 수 보 리 소 언 일 체 법 자

卽非一切法 是故 名一切法
즉 비 일 체 법 시 고 명 일 체 법

한 글

"무슨 까닭이냐하면 여래라 함은 곧 모든 법이 여여하다는 뜻이니라. 만일 어떤 사람이 '여래가 아뇩다라삼먁삼보리를 얻었다'고 말하더라도 얻은 것이 아니니라.

수보리야, 여래가 얻은 아뇩다라삼먁삼보리 가운데는 실다 움도 없고 헛됨도 없느니라. 그러므로, 여래가 말씀하시기를 '일체 모든 법이 다 불법'이라고 하느니라. 수보리야, 말한 바 일체 모든 법이란 곧 일체 모든 법이 아니므로 일체 모든 법이라 이름하느니라."

강 론

여여하다 함은 늘 그대로란 뜻이다. 우리들은 색, 성, 향, 미, 촉, 법의 제법을 이야기하나 그 본체는 담연하여 물들지 않고, 허공과 같이 움직이지도 않아서 원만이 통하고 환히 밝아 항상하므로 여여라 한 것이다.

여여한 자리에서는 기쁘고 슬픈 것이 따로 없으며 번뇌와 보리가 따로 없으며 부처와 중생이 따로 없으며 잃는 것도 얻는 것도 따로이 없다. 억지로 이름을 붙여 하나라고 하지 만 하나란 이름도 붙일 수 없다. 그러므로 여기에서는 아뇩 다라삼먁삼보리를 얻었다는 말을 용납치 않는다.

한 물건도 취하지 아니하므로 실다움이 없고, 한 물건도 버리지 아니하므로 헛됨이 없다.

마음밖에 따로이 구할 길 없으므로 실다움이 없고 얻을 바 마음이 없어지면 온갖 덕성이 원만히 갖추어지므로 헛됨이 없다. 여여한 자리에 서고 보면 학의 다리는 길고 오리 다리는 짧으며 산은 멈춰 있고 물은 흐르는 등 모든 도리가 불법 아닌 것이 없다.

　일체 모든 법이 불법인 것이다. 오(悟)한 자는 일체 모든 법에 대해서 취사(取捨)가 없으나 미(迷)한 자는 일체법에 탐착하므로 병이 된다. 일체 모든 법은 본래 자성(自性)이 없으므로 일체법이라 규정할 수 없지만 그러므로 일체법이라 이름하는 것이다.

5

한 문

須菩提　譬如人身長大　須菩提言
수보리　비여인신장대　수보리언

世尊　如來說人身長大　卽爲非大身　是名大身
세존　여래설인신장대　즉위비대신　시명대신

須菩提　菩薩　亦如是　若作是言
수보리　보살　역여시　약작시언

我當滅度無量衆生　卽不名菩薩　何以故
아당멸도무량중생　즉불명보살　하이고

須菩提　實無有法　名爲菩薩　是故　佛說一切法
수보리　실무유법　명위보살　시고　불설일체법

無我　無人　無衆生　無壽者
무아　무인　무중생　무수자

한 글

"수보리야, 비유하건대 사람의 몸이 크다는 것과 같느니라."

수보리가 말씀드리되,

"세존이시여 여래께서 어떤 사람의 몸이 크다고 말씀하신 것은 곧 큰 몸이 아니요, 그 이름이 큰 몸인 것입니다."

"수보리야, 보살도 또한 이와 같아서 만일 이런 말을 하되 '내가 마땅히 한량없는 중생을 멸도하리라' 한다면 보살이라 이름할 수 없음이니 무슨 까닭인가? 수보리야 진실로 보살이라 이름할 것이 없기 때문이니라. 그러므로 부처님이 설하시되 '일체 모든 법이란 아도 없고, 인도 없고, 중생도 없으며, 수자도 없다' 하느니라."

강 론

설사 몸의 크기가 수미산과 같다고 말하더라도 이미 그것에 국한된 것이므로 큰 몸이라 이름할 수 없다.

법신(法身)은 본래 처소가 없는 것을 나타내므로 곧 큰 몸이 아니다. 본래 존귀한 큰 몸은 존귀한 위치에 머물지 않는다. 그러므로 그 이름이 큰 몸일 뿐 큰 몸이 아닌 것이다.

가르침에 의지해서 부처님의 위없는 지견을 깨달아 들어가서 마음의 능소와 한량이 없으면 이것을 큰 몸이라 한다.

색신(色身)이 비록 크나 지혜가 없으면 큰 몸이 아니요, 비록 지혜가 있으나 능히 행하지 않으면 큰 몸이 아니다.

또한 보살이 자기로 인하여 상대방의 번뇌를 없앤다고 하면 마음이 능소(能所)가 있게 되어 일체법의 원리에 위배하게 된다. 일체법은 아도 없고 인도 없고 중생도 없고 수자도 없기 때문이다.

즉, 눈앞에 나타난 천지일월(天地日月)과 삼라만상과 4제(四諦)와 십이인연과 2승(二乘)과 보살의 육도만행과 제불의 무상정등정각에 이르기까지 낱낱이 무주(無住)며 낱낱이 무상(無相)하며 낱낱이 청정(淸淨)하여 한 법도 그 사이에 생각함을 용납하지 않는다.

6

한 문

須菩提 若菩薩 作是言 我當莊嚴佛土
수보리 약보살 작시언 아당장엄불토

是不名菩薩 何以故 如來說 莊嚴佛土者
시불명보살 하이고 여래설 장엄불토자

卽非莊嚴 是名莊嚴 須菩提 若菩薩
즉비장엄 시명장엄 수보리 약보살

通達無我法者 如來說名眞是菩薩
통달무아법자 여래설명진시보살

한 글

"수보리야, 만일 어떤 보살이 이런 말을 하되, '내가 마땅히 불국토를 장엄하리라' 한다면 이는 보살이라 이름할 수 없음이니 무슨 까닭인가? 여래가 설한 불국토를 장엄한다는 것은 곧 장엄이 아니고 그 이름이 장엄이니라.

수보리야, 만약 보살이 무아의 법을 통달한 자이면 여래는 이를 참다운 보살이라 이름하느니라."

강 론

장엄이란 꾸민다는 말이다.

불국토의 장엄은 자기 본심을 회복하는 일이며 청정본연의 자연 그대로의 자리를 회복하는 일이다. 그러므로 장엄이란 말 자체가 거추장스럽다. 그러므로 장엄했다는 상은 아예 있을 수 없다.

무상(無相), 무아(無我)로서 종(宗)을 삼지 않으면 일체법이 모두 불법(佛法)인 줄 알지 못한다.

만일 보살이 무아(無我)의 법을 통달한다면 온 법계 진진찰찰이 불성(佛性)을 갖춘 불국토임을 느끼게 될 것이지만 '나'라는 상(相)에 매달려서는 참으로 큰 자기 즉, 대아(大我)를 보지 못할 것이다.

저 허공은 아무것도 소유하지 않은 듯하지만 우주 삼라만상을 통채로 가지고 있다. 한점 티끌도 없이 비었기 때문이다. 아뇩다라삼먁삼보리를 성취할 보살은 '내가 없는 법'을 알아야할 뿐 아니라, 나아가서는 '내가 없는 행'을 통하여 이 세상의 빛이 되고 거름이 되어야 한다. 이를 일러 부처님은 '무아법'을 통달한 참다운 보살이라 한다.

게 송

喚牛卽牛요 呼馬卽馬로다
竹影掃階塵不動이요
月穿潭底水無痕이로다

소라고 부르면 곧 소요, 말이라 부르면 곧 말이로다.
대그림자로 뜰을 쓸어도 티끌은 움직이지 않고
달빛이 못 밑을 뚫어도 물은 흔적이 없도다

－ 冶父 －

眞理本無明
因名顯眞理
受得眞實法
非眞亦非僞

진리는 본래 명상(明相)이 없으나
명상을 통하여 진리를 나타내도다
이 진실법을 자기 것으로 만든다면
참됨과 거짓이 다 함께 비었도다.

－伏馱密多尊子－

一體同觀分 第十八
(일체동관분 제십팔)

一體同觀(일체동관)
한 몸으로 동일하게 봄.

• 본 문 •

1

한 문

須菩提 於意云何 如來有肉眼不
수보리 어의운하 여래유육안부

如是 世尊 如來有肉眼
여시 세존 여래유육안

須菩提 於意云何 如來有天眼不
수보리 어의운하 여래유천안부

如是 世尊 如來有天眼
여시 세존 여래유천안

須菩提 於意云何 如來有慧眼不
수보리 어의운하 여래유혜안부

如是 世尊 如來有慧眼
여시 세존 여래유혜안

須菩提 於意云何 如來有法眼不
수보리 어의운하 여래유법안부

如是 世尊 如來有法眼
여시 세존 여래유법안

須菩提 於意云何 如來有佛眼不
수보리 어의운하 여래유불안부

如是 世尊 如來有佛眼
여시 세존 여래유불안

한 글

"수보리야, 어떻게 생각하느냐. 여래가 육안이 있느냐?"
"그러하옵니다. 세존이시여, 여래께서는 육안이 있습니다."
"수보리야, 어떻게 생각하느냐. 여래가 천안이 있느냐?"
"그러하옵니다. 세존이시여, 여래께서는 천안이 있습니다."
"수보리야, 어떻게 생각하느냐. 여래가 혜안이 있느냐?"
"그러하옵니다. 세존이시여, 여래께서는 혜안이 있습니다."
"수보리야, 어떻게 생각하느냐. 여래가 법안이 있느냐?"
"그러하옵니다. 세존이시여, 여래께서는 법안이 있습니다."
"수보리야, 어떻게 생각하느냐. 여래가 불안이 있느냐?"
"그러하옵니다. 세존이시여, 여래께서는 불안이 있습니다."

해 설

일체동관(一體同觀):한 몸으로 동일하게 봄

강 론

육안은 육신의 눈이며 천안은 미세한 사물까지도 멀리 또는 널리 보는 눈이며 혜안은 현상계를 차별적으로 보지 않는 지혜의 눈으로 성문·연각이 얻은 눈이며, 법안은 모든 법의 진리를 분명히 알고 보는 중생을 건지는 보살의 눈이며, 불안은 오직 깨달은 부처님의 눈으로 시방세계를 두루 보지만 보는 사람도, 보이는 대상도 없이 보는 눈이다.

육조스님은 이렇게 보셨다.

즉, 처음의 미한 마음을 없애는 것을 육안이라 하고 불성이 있어서 연민의 마음을 일으키는 것을 천안이라 하고 어리석은 마음이 나지 않음을 혜안이라 하고 법에 집착한 마음을 없애는 것을 법안이라 한다.

그리고 미세한 번뇌까지 영원히 다하여 뚜렷이 밝게 두루 비춤을 불안이라 한다.

중생은 미혹에 덮힌 바가 되어서 5안을 갖추고 있건만 바로 보지 못한다.

2

한 문

須菩提 於意云何 如恒河中所有沙 佛說是沙不
수보리 어의운하 여항하중소유사 불설시사부

如是 世尊 如來說是沙 須菩提 於意云何
여시 세존 여래설시사 수보리 어의운하

如一恒河中所有沙 有如是沙等恒河
여일항하중소유사 유여시사등항하

是諸恒河所有沙數 佛世界 如是 寧爲多不
시제항하소유사수 불세계 여시 영위다부

甚多世尊 佛告須菩提 爾所國土中 所有衆生
심다세존 불고수보리 이소국토중 소유중생

若干種心 如來悉知 何以故 如來說諸心
약간종심 여래실지 하이고 여래설제심

皆爲非心 是名爲心 所以者何 須菩提
개 위 비 심　시 명 위 심　소 이 자 하　수 보 리

過去心不可得 現在心不可得 未來心不可得
과 거 심 불 가 득　현 재 심 불 가 득　미 래 심 불 가 득

한 글

"수보리야, 어떻게 생각하느냐. '저 항하 가운데 있는 모래와 같이'라고 모래를 부처님이 말씀하신 적이 있느냐?"

"예, 있습니다. 세존이시여, 모래를 말씀하셨습니다."

"수보리야, 어떻게 생각하느냐. 저 한 항하에 있는 모래수와 같이 그렇게 많은 항하가 있고 그 모든 항하에 있는 바 모래수 만큼의 불세계가 있다면 이 수는 많음이 되겠느냐?"

"심히 많겠습니다. 세존이시여."

부처님이 수보리에게 이르시되

"저 국토 가운데 있는 중생의 가지가지 종류의 마음을 여래가 다 아시느니라.

왜냐하면 여래가 설한 모든 마음은 다 마음이 아니요 그 이름이 마음이기 때문이니라. 까닭이 무엇이냐하면 수보리야, 과거의 마음도 얻을 수 없으며 현재의 마음도 얻을 수 없으며, 미래의 마음도 얻을 수 없음이니라."

강 론

우주는 한량이 없다. 그러므로 그냥 하나의 집이라고 생각해버린다.

너무 크기 때문이다. 그 큰 우주에 중생이 한량이 없으니 그 중생의 마음 또한 한량이 없다.

그 중생의 마음은 한량없는 일들을 생각하며 순간순간 계속 흘러가고, 일어나고 멸하는 망심(妄心)이다.

낱낱의 중생이 다 차별된 마음의 가지수를 가졌으니 심수(心數)가 많을 수 밖에 없다. 이를 본문에서는 모든 마음(諸心)이라고 하였다. 그런데 이 모든 마음은 참된 마음이 아니다. 즉, 참된 마음이 아닌 줄 알면 바로 그것이 참마음이 된다. 그 자리가 참다움이며 항상하는 마음이며 불심이며, 반야바라밀심이며 청정보리열반심이다.

여기에는 오직 하나의 미묘하고 원만한 참된 마음이 상주(常住)하여 멸하지 않는다.

즉, 과거의 마음도 얻을 수 없고 현재의 마음도 얻을 수 없고 미래의 마음도 얻을 수 없음을 요달하면 바로 부처가 되는 것이다.

중생의 마음이 부처의 마음이 되고 중생의 몸이 부처의 몸이 된다. 과거, 현재, 미래의 시간적 구별도 있을 수 없고 이 세상 저 세상의 공간적 구분도 이미 없어져 온 세상이 바로 한 집, 한 몸임을 알게 된다.

하늘과 땅이 곧 하나로 어우러져 있고 온갖 만물이 나의 몸인 것이다.

게 송

病多에 諳 藥性이로다

一波纔 動萬波隨 라

병 많은 사람이 약의 성질을 알도다
한 물결이 일렁이면 만 물결이 따르는지라

－ 冶 父 －

眞體自然眞
因眞說有理
領得眞眞法
無行亦非止

천진스런 몸은 그대로 천진하여
천진함으로 인하여 부처를 말한다네
참되고 참된 법을 제 것 만들면
행함도 없고 그칠것도 없네

－ 脇尊子 －

法界通化分 第十九
(법계통화분 제십구)

法界通化(법계통화)
법계를 다 교화함.

• 본 문 •

1

한 문

須菩提 於意云何 若有人 滿三千大千世界七寶
수보리 어의운하 약유인 만삼천대천세계칠보

以用布施 是人 以是因緣 得福多不
이용보시 시인 이시인연 득복다부

如是 世尊 此人 以是因緣 得福 甚多 須菩提
여시 세존 차인 이시인연 득복 심다 수보리

若福德有實 如來 不說得福德多 以福德無故
약복덕유실 여래 불설득복덕다 이복덕무고

如來說得福德多
여래설득복덕다

한 글

"수보리야, 어떻게 생각하느냐. 만약 어떤 사람이 삼천대
천세계를 칠보로 가득 채워 보시한다면 이 사람은 이 인연으

로 복을 많이 얻겠느냐?"

"예, 세존이시여. 그 사람은 이 인연으로 복을 많이 얻겠습니다."

"수보리야, 복이 실다움이 있을진대 여래가 복덕을 얻음이 많다고 말하지 않으련만 복덕이 없으므로 여래가 복덕을 얻음이 많다고 말하느니라."

해 설

법계통화 : 법계를 다 교화함

강 론

칠보로써 보시하는 복은 불과(佛果)나 보리(菩提)를 성취하지 못한다. 그러므로 진짜 복덕은 되지 못한다. 진짜의 복덕은 수량에 있어서 '많다, 적다'를 논할 수가 없다. 많다는 것은 적다는 것에 대한 상대적인 개념이기 때문에 궁극적으로 무한대로 많은 것은 아니다. 참으로 많은 것은 '많다'라는 말을 용납하지 않는다. '많다'함은 이미 마음에 상(相)을 남겨 유루(有漏)의 복이 되고 만다.

사람이 무엇을 베풀되 베푼 바가 없으면 모두가 청정한 무루복이 되어 이 본래 우주와 하나로 계합한다. 마음에 고정된 모양이 없어야지 비로소 복덕이 무량하다. 사람사람은 이미 금강지혜를 구족하고 있으므로 범부가 따로 없다. 법계

모든 중생은 이에 구름을 나온 달처럼 제각각 세상을 밝게
비추고 있다.

게 송

布施因緣은 實人天有漏之果요 無爲福德은
超凡聖通化之功이로다. 有爲가 雖僞나 棄之則功行을 不成이요
無爲가 雖眞이나 擬之則聖果를 難證이니라

　보시의 인연은 실로 인천에 있어 유루의 과보이고 무위의
복덕은 범부 성인의 모두를 교화하는 공을 초월했도다.
　유위가 비록 거짓이나 그것을 버린 즉 공의 행동을 이루지
못하고 무위가 비록 참되나 그것을 헤아리면 성인의 과를 증
득하기 어렵다.
- 宗 鏡 -

迷悟如隱顯
明暗不相離
今付隱顯法
非一亦非二

　깨침과 캄캄함이 은현(隱顯)과 같아
　밝음과 어두움이 이와 같은 것
　그대에게 은현법을 부촉하노니
　하나도 아님이니 둘도 또한 아니로세
- 富那夜奢尊子 -

隱顯卽本法
明暗元不二
今付悟了法
非取亦非離

숨음과 드러남이 곧 본래의 법이요
명암 또한 원래로 둘이 아닐세
이제 깨친법을 그대에게 부촉하노니
하지도 또한 그것을 떠나지도 말지니라

- 馬鳴尊子 -

非隱亦非顯
說是眞實際
悟此隱顯法
非愚亦非智

밝음과 어두움이 다른 것이 아니로다
형상도 없는 것이 그것이 부처로세
이 이치 깨달으면 높은 곳 오르나니
지혜로움 어리석음 다 함께 없을래라

- 迦毘摩羅尊子 -

離色離相分 第二十
(이색이상분 제이십)

離色離相(이색이상)
색과 상을 떠남.

• 본 문 •

1

한 문

須菩提 於意云何 佛 可以具足色身
수 보 리　어 의 운 하　불　가 이 구 족 색 신

見不 不也 世尊如來 不應以具足色身
견 부　불 야　세 존 여 래　불 응 이 구 족 색 신

見 何以故 如來說 具足色身 卽非具足色身
견　하 이 고　여 래 설　구 족 색 신　즉 비 구 족 색 신

是名具足色身 須菩提 於意云何 如來
시 명 구 족 색 신　수 보 리　어 의 운 하　여 래

可以具足諸相 見不 不也
가 이 구 족 제 상　견 부　불 야

世尊 如來 不應以具足諸相
세 존　여 래 불 응 이 구 족 제 상

見 何以故 如來 說
견　하 이 고　여 래　설

諸相具足 卽非具足 是名諸相具足
제 상 구 족　즉 비 구 족　시 명 제 상 구 족

한 글

　"수보리야, 어떻게 생각하느냐. 부처를 가히 구족한 색신으로써 볼 수 있겠느냐?"

　"볼 수 없습니다. 세존이시여, 여래를 구족한 색신으로써 볼 수 없습니다. 왜냐하면, 여래께서 설하신 구족한 색신은 곧 구족한 색신이 아니고 이름이 구족한 색신인 까닭입니다."

　"수보리야. 어떻게 생각하느냐, 여래를 모든 상이 구족한 것으로써 보겠느냐?"

　"보지 못합니다. 세존이시여, 여래를 모든 상이 구족한 것으로 볼 수 없습니다. 왜냐하면 여래께서 설하신 모든 상의 구족함이 곧 구족이 아니고 그 이름이 모든 상의 구족함입니다."

해 설

　이색이상 : 색과 상을 떠남

강 론

　상을 여의지 못한 중생들이 32상 80종호의 외모만을 보고, 그 구족한 색신을 탐내어 이것으로써 부처를 삼을까 염

려된다.

밖으로 나타난 외모가 훌륭하다하나 그것으로 실다운 구족색신은 될 수 없는 것이다.

참다운 구족색신은 육바라밀행을 잘 갖추고 정과 혜를 쌍으로 닦아야 구족색신이라고 할 수 있다.

여래란 곧 무상(無相)의 법신(法身)이다.

육안으로 볼 수 있는 것이 아니라 혜안이라야 가능하다.

혜안이 맑게 사무쳐서 아, 인, 중생, 수자의 상이 나타나지 않고 바른 지혜 광명이 항상 비추면 이를 모든 상이 구족하다고 이름한다.

눈에 보이는 색신의 부처님은 자비의 화신(化身)일 뿐, 진실한 무상의 법신은 아니다.

한편, 진실한 무상의 법신, 여래는 일체의 형색, 형상과 우리의 인식을 넘어서 있기 때문에 시간과 공간의 제한을 전혀 받지 않는다.

게 송

官不容針이나 私通車馬로다
請君仰面看虛空하라
廓落無邊不見蹤이로다
若解轉身些子力하면
頭頭物物總相逢하리라

관(官)에서는 바늘끝도 용납치 못하나 개인적으로는 수레
도 통함이라
　그대에게 청하노니 얼굴을 우러리 허공을 보라
　확 트이고 끝이 없어 그 자취 볼 수 없도다
　그러나 만약 몸을 굴려 작은 힘을 알게 되면 두두물물에서
모두 만나보리라

- 冶 父 -

　爲明隱顯法
　方說解脫理
　於法心不證
　無瞋亦不喜

　밝음과 어두움을 밝힌다 함은
　바야흐로 해탈을 설함이로세
　저 법에 증득했다는 흔적 없으면
　화낼 것도 없고 기뻐할 것도 없느니

- 龍樹尊子 -

非說所說分 第二十一
(비설소설분 제이십일)

非說所說(비설소설)
설한 바는 설이 아님.

• 본 문 •

1

한 문

須菩提 汝勿謂 如來作是念 我當有所說法
수보리 여물위 여래작시념 아당유소설법

莫作是念 何以故 若人言 如來有所說法
막작시념 하이고 약인언 여래유소설법

卽爲謗佛 不能解我所說故
즉위방불 불능해아소설고

須菩提 說法者 無法可說 是名說法
수보리 설법자 무법가설 시명설법

爾時 慧命須菩提 白佛言 世尊
이시 혜명수보리 백불언 세존

頗有衆生 於未來世 聞說是法 生信心不
파유중생 어미래세 문설시법 생신심부

佛言 須菩提 彼非衆生 非不衆生 何以故
불언 수보리 피비중생 비불중생 하이고

須菩提 衆生衆生者 如來說非衆生 是名衆生
수보리 중생중생자 여래설비중생 시명중생

한 글

"수보리야, 너는 여래가 이런 생각을 하되 '내가 마땅히 설한 바 법이 있다'고 이르지 말라. 이런 생각을 하지 말지니 무슨 까닭인가? 만약 어떤 사람이 여래가 설한 법이 있다고 말한다면 이는 곧 부처님을 비방함이니라.

능히 내가 설한 바를 알지 못한 까닭이니라.

수보리야, 설법이란 것은 법을 가히 설할 것이 없음을 이름하여 설법이라 하느니라."

그때에 혜명 수보리가 부처님께 말씀드렸다.

"세존이시여, 자못 어떤 중생이 미래세에 이 법 설하심을 듣고 믿는 마음을 내오리까?"

부처님께서 말씀하시되,

"저들은 중생이 아니며 중생 아님도 아니니 무슨 까닭인가? 수보리야, 중생을 중생이라 한 것은 여래가 말씀하시되 중생이 아니고 그 이름이 중생이니라."

해 설

비설소설 : 법을 설함과 설하여 질 것이 아님

강 론

세존께서는 모든 법이 공함을 통달하셨으므로 아무런 집착이 없으시다. 그러므로 설했다는 생각이 있을 수 없다. 그러므로 설함이 있음은 참다운 설이 될 수 없다.

시방의 불토(佛土) 가운데는 오직 일승법(一乘法)이 있을 뿐으로 설할 상대와 설해질 대상이 따로 없다.

범부는 능히 억지로 마음을 지어서 설하지만 여래는 말과 침묵함이 모두 같다. 모든 여래의 말은 메아리가 소리에 응함과 같아서 극히 자연스럽고 무심할 뿐이다.

부처님께서는 만법이 본래 공적함을 요달하셨을 뿐 일체의 이름(名), 말씀(言)은 사실상 용납치 않는다.

설법이란 중생의 입장에서는 많은 말들이 있는 듯 하지만 공의 성품 가운데에서는 상(相)도 없고, 함도 또한 없다. 진리의 본래 자리에는 한 물건이란 것도 없어서 성현, 범부, 산천, 초목, 미물이 모두 평등하며 차별이 없다.

세상의 놓여진 바위 하나 나무 하나가 부처님의 상호 아님이 없으며, 이름 없는 새, 벌레의 울음소리가 부처님의 음성 아님이 없다.

산과 물은 입이 없어도 늘 머물러 설법을 하며, 꽃과 바람은 때로 우리의 가슴을 청량케 한다.

그러면 중생은 무엇인가?

중생이라고 하지만 참으로 중생은 없으며 그 이름이 중생일 뿐이다. 사람마다 본래 성불하였으므로 중생이 아니다.

금강반야를 사람 사람이 본래 구족하고 있으므로 다 부처인 것이다.

한편 '중생 아님도 아니다'라고 한 것은 자기 성품이 본래 부처인줄을 이해는 하나 스스로 부처 노릇을 못하고 늘 탐, 진, 치 번뇌를 일으키기 때문에 붙여진 이름이다.

중생이 아닌 부처가 또 달리 부처를 구하니 참으로 아이러

니킬하다. 마음 속의 본지풍광(本地風光)을 드러낼려면 부지
런히 6바라밀을 행할지이다.

게 송

兎角杖龜毛拂 이로다
多年石馬가 放毫光 하니 鐵牛哮吼入長江 이로다

토끼뿔로 만든 지팡이요, 거북이 털로 만든 拂子(털이개)
로다
나이 많은 石馬가 백호광명을 놓으니
鐵牛가 포효하며 장강(長江)으로 들어가도다

— 冶父 —

本對傳法人
爲說解脫理
於法實無證
無終幷無始

전법할 사람을 골라 대하여
해탈의 이치를 설함이로다
저 법에 증득함이 본래 없거니
마침과 비롯함이 함께 없어라

— 迦那提婆尊子 —

無法可得分 第二十二
(무법가득분 제이십이)

無法可得(무법가득)

법은 가히 얻을 것이 없음.

• 본 문 •

1

한 문

須菩提 白佛言 世尊 佛得阿耨多羅三藐三菩提
수보리 백불언 세존 불득아뇩다라삼먁삼보리

爲無所得耶 佛言 如是如是 須菩提 我於 阿耨
위무소득야 불언 여시여시 수보리 아어 아뇩

多羅三藐三菩提 乃至無有少法可得 是名
다라삼먁삼보리 내지무유소법가득 시명

阿耨多羅三藐三菩提
아뇩다라삼먁삼보리

한 글

수보리가 부처님께 말씀드렸다.

"세존이시여, 부처님께서 아뇩다라삼먁삼보리를 얻으심은
얻은 바 없음이 되옵니다."

부처님께서 말씀하시되

"그러하니라. 그러하니라. 수보리야, 내가 아뇩다라삼먁삼
보리 내지 작은 법이라도 가히 얻음이 없으므로 이를 아뇩다
라삼먁삼보리라 이름하느니라."

해 설

무법가득 : 법은 가히 얻을 것이 없음

강 론

아뇩다라삼먁삼보리는 말로써 성취되어지는 것이 아니요,
문자나, 철학으로 설명되어지는 것이 아니다. 말이나 문자나
철학을 넘어서 있는 아뇩다라삼먁삼보리의 세계는 마치 허
공의 세계와도 같아서 얻을 것도 잃을 것도 없다. 얻을 바가
있다면 이미 망상이요, 얻은 것이 없을 때 비로소 바른 깨달
음이 된다. 보리에 대하여 희구심(希求心)이 없으며 또한 소
득심(所得心)이 없음으로 아뇩다라삼먁삼보리라는 이름을
얻는다.

게 송

求人이 不如求自己니라
남에게 구하는 것은 자기에게 구하는 것만 같지 못하다

– 冶父 –

淨心行善分 第二十三
(정심행선분 제이십삼)

淨心行善(정심행선)

깨끗한 마음으로 선을 행함.

• 본 문 •

1

한 문

復次 須菩提 是法平等 無有高下 是名 阿耨多羅
부차 수보리 시법평등 무유고하 시명 아뇩다라

三藐三菩提 以無我 無人 無衆生 無壽者
삼먁삼보리 이무아 무인 무중생 무수자

修一切善法 卽得阿耨多羅三藐三菩提
수일체선법 즉득아뇩다라삼먁삼보리

須菩提 所言善法者 如來說卽非善法 是名善法
수보리 소언선법자 여래설즉비선법 시명선법

한 글

"또한 수보리야, 이 법은 평등하여 높고 낮음이 없으므로
아뇩다라삼먁삼보리라 이름하느니라. 아도 없고 인도 없고
중생도 없고 수자도 없이 일체 선법을 닦으면 곧 아뇩다라삼
먁삼보리를 얻느니라. 수보리야, 말한 바 선법이란 것은 여
래가 설하되 곧 선법이 아니고 그 이름이 선법이니라."

해 설

정심행선:깨끗한 마음으로 선을 행함

강 론

중생이 본래 중생이 아닌즉, 부처와 다르지 않다. 그리고 부처가 본래로 얻음이 없은즉, 중생과 다르지 않다. 그러므로 평등하여 높고 낮음이 없는 것이다.

보리법(菩提法)이란 모든 부처, 모든 미물에 이르기까지 모두 공유되어지는 것이며 그들 각각이 일체 종지(種智)를 함유하고 있다. 보리는 둘이 아니기 때문에 4상(四相)을 떠나서 일체 선법을 닦으면 곧 보리를 얻는다. 4상을 떠나지 않고 선법을 닦으면 아상, 인상만을 증장시키며 해탈은 얻기 힘든다. 일체 선법을 닦는다 함은 일체 경계에 대하여 흔들리거나 탐착하지 않는 것을 말한다.

그리고, 일체처에서 항상 방편을 행하여 중생을 수순하며 궁극에는 정법(正法)을 설하여 그들로 하여금 보리를 깨닫게 한다. 일체 선법을 이렇듯 닦으면서도 과보를 바라면 선법이 아니다.

육도만행을 부지런히 짓되 과보를 바라지 않아야지 선법이라 할 수 있다.

게 송

所謂平等은 豈是夷岳實淵하며 截鶴續鳧 然後에
然哉아 長者는 任其長하고 短者는 任其短이며
高處는 任其高하고 低處는 任其低니라

이른바 평등이라 함이 어찌 산을 깎아서 못을 채우는 일이
며 학의 다리를 잘라 오리 다리에 잇는 일이겠는가?
긴 것은 긴 것에 맡기고 짧은 것은 짧은데 맡기며, 높은
곳은 높은데 맡기고 낮은 곳은 낮은데 맡기느니라

　　　　　　　　　　－ 涵虛 得通 －

於法實無證
無終幷無始
於法實無證
不聚亦不離
法非有無相
內外云何起

저 법에 본래부터 증득할 것 없거니
마침도 시작함도 다 함께 없느니라
저 법에 본래부터 증득할 것 없거니
모일 것도 여읠 것도 다 함께 없느니라
법이란 유무의 모양 아니거니
안과 밖에 어찌하여 일어난다 하느냐

　　　　　　　　　　－ 羅睺羅多尊子 －

心地本無生
因地從緣起
緣種不相妨
花果亦復爾

본래부터 마음땅에 일어남이 없어서
심지로 반연하여 일어남 이로다
인연의 종자가 제자리 지키노니
꽃피고 열매 맺고 그러할 뿐이로다

- 僧伽難提尊子 -

有種有心地
因緣能發明
于緣不相碍
當生生不生

이치도 씨앗도 마음의 땅 다 있어서
인연따라 오가며 싹이 트나니
그러한 인연법에 어이 걸리리
생사속에 나고 죽되 생사가 아니로세

- 伽耶舍多尊子 -

福智無比分 第二十四
(복지무비분 제이십사)

福智無比(복지무비)
복덕과 지혜는 비교할 수 없음.

• 본 문 •

1

한 문

須菩提 若 三千大千世界中 所有諸須彌山王
수보리 약 삼천대천세계중 소유제수미산왕

如是等七寶聚 有人 持用布施 若人
여시등칠보취 유인 지용보시 약인

以此般若波羅蜜經 乃至四句偈等 受持
이차반야바라밀경 내지사구게등 수지

讀誦 爲他人說 於前福德 百分不及一
독송 위타인설 어전복덕 백분불급일

百千萬億分 乃至算數 譬喻 所不能及
백천만억분 내지산수 비유 소불능급

한 글

"수보리야, 만약 삼천대천세계 가운데 있는 모든 수미산왕

과 같은 칠보 무더기들을 어떤 사람이 가져다 보시하더라도
이 반야바라밀경이나 4구게 등을 수지 독송하여 남을 위해
말해주는데 비하면 그 복덕은 백분의 일, 백천만억분의 일에
도 미치지 못할 뿐 아니라, 헤아림이나 비유로는 능히 미치
지 못하느니라."

해 설

복지무비:복덕과 지혜는 비교할 수 없음

강 론

수미산왕과 같은 칠보의 무더기를 보시에 쓴다면 그 복은
실로 엄청날 것이다. 그러나 그 복은 유루(有漏)의 복이라
하늘을 향해 쏜 화살과 같다.

그 복은 한계가 있으며 상대적 가치를 지닌 복이다.

한편 반야의 지혜는 무루(無漏)의 복이다.

그 복은 복이라고 말할 수 없을 정도로 상대적 개념을 떠
나 있다.

무한(無限)의 그 무엇이며 생사를 초탈케 하는 힘이다.

그 반야의 지혜를 가르치고 개발시키는 경이 바로 이 금강
경이다.

그러므로 이 금강반야바라밀경을 가지면 지혜가 밝아지고
그 지혜가 온 우주 허공을 비추어 중생을 이익케 한다.

칠보로 보시하는 복은 그 복이 무량무변하나 이것은 해탈할 이치가 없지만 이 경의 4구(四句)는 비록 적은 듯하나 그것에 의지해서 수행하면 성불할 수 있다.

능히 중생으로 하여금 보리를 증득케 함을 안다면 가히 비교할 수가 없다.

그러므로 조계종에서는 이 금강경을 소의경전으로 채택하는 것이다.

금강경을 모르면 조계종을 이해할 수 없고 조계종을 모르면 불교전체를 이해할 수 없다.

금강경 한 권 속에 팔만사천대장경의 묘한 이치가 함축되어 있다.

모든 부처님의 가르침이 반야의 지혜로부터 비롯된다면, 이 반야의 지혜를 곧 바로 드러내는 금강경이야말로 세상의 더 없는 인생 교과서이다.

우리는 늘 금강경을 수지독송하며 그 이치를 이해하려고 노력해야 한다.

그리고 그 가르침대로 마음을 가지며 수행해야 한다.

게 송

施寶如沙數라도 唯成有漏因이니
不如無我觀으로 不妄乃名眞이로다
欲證無生忍이면 要假離貪瞋이니
人法知無我하면 逍遙出六塵하리라

보배를 보시함이 모래수 같이 많을지라도 오직 유루의 인(因)을 이루는 것이니 무아를 관하여 망(妄)이 진(眞)임을 요달함만 같시 못함이로다

무생인(無生忍)을 증득하고자 하면 종요로이 탐진치를 떠날지니라

人과 法에 아(我)의 실체가 없음을 알면 육진에서 벗어나 소요자재하리라

- 傅大士 -

性上本無生
爲對求人設
於法旣無碍
何懷決不決

성품속에 생사 따위 있을리 없건만은
그저 남을 위해 설법할 따름이라
저법에 내 이미 얻은바 없을지니
그 어찌 미(迷)와 오(悟)를 염료하리오

- 鳩摩羅多尊子 -

化無所化分 第二十五
(화무소화분 제이십오)

化無所化(화무소화)

교화하되 교화하는 바가 없음.

• 본 문 •

1

한 문

須菩提 於意云何 汝等 勿謂如來作是念
수 보 리 어 의 운 하 여 등 물 위 여 래 작 시 념

我當度衆生 須菩提 莫作是念 何以故
아 당 도 중 생 수 보 리 막 작 시 념 하 이 고

實無有衆生 如來度者 若有衆生 如來
실 무 유 중 생 여 래 도 자 약 유 중 생 여 래

度者 如來 卽有我人衆生壽者 須菩提 如來說
도 자 여 래 즉 유 아 인 중 생 수 자 수 보 리 여 래 설

有我者 卽非有我 而凡夫之人
유 아 자 즉 비 유 아 이 범 부 지 인

以爲有我 須菩提 凡夫者
이 위 유 아 수 보 리 범 부 자

如來說 卽非凡夫 是名凡夫
여 래 설 즉 비 범 부 시 명 범 부

한 글

"수보리야, 어떻게 생각하느냐. 너희들은 여래가 이런 생각을 하되 '내가 마땅히 중생을 제도한다'고 말하지 말라.

수보리야, 이런 생각은 하지 말지니 왜냐하면 실로는 여래가 제도할 중생이 없는 까닭이니라.

만약 여래가 제도할 중생이 있다하면 여래는 곧 아와 인과 중생과 수자가 있음이니라.

수보리야, 여래가 설하되 곧 아가 있다는 것은 곧 아가 있음이 아니거늘 범부들이 이를 아가 있다고 여기느니라.

수보리야, 범부라는 것도 여래가 설하되 곧 범부가 아니고 그 이름이 범부니라."

해 설

화무소화(化無所化) : 교화하되 교화하는 바가 없음

강 론

진여법계 안에서는 중생과 부처가 따로 있을 수 없다.

평등한 성품 가운데는 자타(自他)가 없다.

중생은 본래 부처이므로 부처가 중생을 제도하는 일은 없다. 만일 중생을 가히 제도할 것이 있다고 보면 그는 이미 여래가 아니다.

상(相)을 취하는 허물에 빠지기 때문이다.

우리들은 온 우주 자체를 하나로 보아야 한다.

하나로 본다는 의식마저 사라져야 그는 대우주인이 되는 것이다.

위에서 군림하는 것이 아니라 함께 어우러져 세상을 살아야 한다.

내가 그들의 몸이 되고, 그들의 고민이 되고, 그들의 생각이 되어야 한다.

불교의 중요 기능은 첫째가 교육의 역할을 하는 것이요 둘째는 봉사(보살)의 역할을 하는 것이다.

교육을 통해서 우리의 정신을 일깨우고 봉사를 통해서 대아적(大我的) 삶을 펼쳐가야 한다.

부처님은 바로 대교육자이시요, 대봉사자이셨다.

현재 우리 불교가 이 중요한 사실을 망각한 채 원시종교의 형태를 스스로 고집하고 있다.

깨어있는 의식으로 대보살도의 삶이 필요하다. 그렇지 않으면, 불자의 가치가 없다.

아(我)의 성품이 본래 공(空)하므로 '아'가 있다고 볼 수 없다. 범부의 성품도 본래 공하므로 '범부'가 있다고도 볼 수 없다.

'아'다 '범부'다 하는 의식을 놓아버리면 자성(自性)이 청정한 상락아정(常樂我淨)의 아(我)가 나타난다.

이는 앞 생각의 실답지 못한 아(我)와 같지 않다.

마음에 능소(能所)가 없어야지 참보살이며 바른 불자이다.

게 송

衆生이 修因果여 果熟自然圓이라
法船自然度이니 何必要人牽이리요

중생이 인과를 닦음이여, 그 결과가 익어지면 자연히 원만함이라
법배로써 자연히 건너가게 되니 하필이면 남이 이끌어 주길 바라겠는가

- 傅大士 -

言下合無生
同於法界性
若能如是解
通達事理竟

한 말씀에 무생법(無生法) 계합한다면
법계의 성품과 같게 되리라
이와 같이 체득해 알 것 같으면
이(理)와 사(事)의 큰 법을 통달하리라

- 闍夜多尊子 -

法身非相分 第二十六
(법신비상분 제이십육)

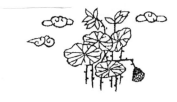

法身非相(법신비상)
법신은 상이 아니다.

● 본 문 ●

1

한 문

須菩提　於意云何　可以三十二相　觀如來不
수보리　어의운하　가이삼십이상　관여래부

須菩提言　如是如是　以三十二相　觀如來　佛言
수보리언　여시여시　이삼십이상　관여래　불언

須菩提　若以三十二相　觀如來者　轉輪聖王
수보리　약이삼십이상　관여래자　전륜성왕

卽是如來　須菩提　白佛言　世尊　如我解佛
즉시여래　수보리　백불언　세존　여아해불

所說義　不應以　三十二相　觀如來　爾時世尊
소설의　불응이　삼십이상　관여래　이시세존

而說偈言　若以色見我　以音聲求我
이설게언　약이색견아　이음성구아

是人行邪道　不能見如來
시인행사도　불능견여래

한 글

"수보리야, 어떻게 생각하느냐. 가히 32상으로써 여래를 볼 수 있겠느냐?"

수보리가 말씀드리되

"그렇습니다. 32상으로써 여래를 볼 수 있습니다."

부처님께서 말씀하시되

"수보리야, 만약 32상으로 여래를 본다하면 전륜성왕도 곧 여래이리라."

수보리가 부처님께 사뢰었다.

"세존이시여, 제가 부처님의 설하신 뜻을 알기로는 응당 32상으로써 여래를 볼 수 없습니다."

그때 세존께서 게송으로 말씀하셨다.

"만약 색신으로써 나를 보거나 음성으로써 나를 구하면 그 사람은 사도를 행함이라, 능히 여래를 보지 못하리라."

해 설

법신비상(法身非相) : 법신은 상이 아니다.

강 론

하근기 중생은 모양이나 빛깔로써 상대를 판단한다.

심지어 부처님까지도 모양이나 빛깔 분위기로 저울질하려

한다.

그러나 중근기 중생은 32상등의 상호로써만 부처님을 보지 않는다.

그 내면에 숨겨진 고귀한 정신을 볼 줄 안다. 그 사람의 인간성 등 속사람을 볼려고 노력한다.

하근기 중생은 자기 눈이 자기를 속이고 자기의 귀가 자기를 속이는 줄 조차 모른다. 그러나 중근기는 자기의 귀, 자기의 눈이 완벽하지 못하다는 것을 안다. 그래서 외부의 형식에 끄달리지 않는다. 그런데 상근기는 하근기, 중근기의 그 모두를 취한다.

때로는 그 모두를 버려서 초월해 있다.

즉, 모양과 소리로써 부처를 구해도 볼 수 없으며 모양과 소리를 떠나서도 부처를 볼 수 없음을 안다.

색을 보고 소리를 들음은 세상에 본래 항상한 일이므로 색과 성을 떠나서 진(眞)을 구하지 말지어다. 그렇다고 색과 소리에 매달려서 진(眞)을 구한다면 이미 그는 부처와는 십만팔천리라.

법신은 본래 모양이 아니다. 그런데 법신은 모양을 통해서 늘 참답고 항상한 그의 모습을 드러낸다.

게 송

忽聞人語無鼻孔 頓覺三千是我家
六月燕岩山下路 野人無事太平歌

문득 콧구멍 없는 소란 말을 들으니
삼천대천세계가 내 집임을 알겠네
유월이라 연암산 내려오는 길
들 사람이 태평가를 부르며 한가롭네

           - 鏡虛惺牛 -

泡幻同無碍
如何不了悟
達法在其下
非今亦非古

물거품과 허깨비 한결 같은데
어찌하여 이 이치를 모른다 하랴
깨치는 법 똑바로 그 밑에 있을지니
예나 지금이나 모두 다 아님이로세

           - 婆修盤頭尊子 -

心隨万境轉
轉處悉能幽
隨流認得性
無喜亦無憂

마음은 경계따라 굴러 다니니
구르는 그곳마다 그윽하도다
유(流)를 따라 그 성품 알아 얻으면
기쁨과 근심 또한 모두 없어라

           - 摩拏羅尊子 -

無斷無滅分 第二十七
(무단무멸분 제이십칠)

無斷無滅(무단무멸)

단멸이 없음.

• 본 문 •

1

한 문

須菩提　汝若作是念　如來不以具足相故
수 보 리　여 약 작 시 념　여 래 불 이 구 족 상 고

得阿耨多羅三藐三菩提 須菩提 莫作是念
득 아 녹 다 라 삼 먁 삼 보 리 수 보 리 막 작 시 념

如來不以具足相故　得阿耨多羅三藐三菩提
여 래 불 이 구 족 상 고　득 아 녹 다 라 삼 먁 삼 보 리

須菩提　汝若作是念
수 보 리　여 약 작 시 념

發阿耨多羅三藐三菩提 心者　說諸法斷滅
발 아 녹 다 라 삼 먁 삼 보 리 심 자　설 제 법 단 멸

莫作是念 何以故　發阿耨多羅三藐三菩提
막 작 시 념 하 이 고　발 아 녹 다 라 삼 먁 삼 보 리

心者　於法不說斷滅相
심 자　어 법 불 설 단 멸 상

한 글

"수보리야, 네가 만일 이런 생각을 하되 '여래는 구족한 상을 쓰지 않는 까닭으로 아뇩다라삼먁삼보리를 얻었다' 하겠느냐.

수보리야, '여래는 구족한 상을 쓰지 않는 까닭으로 아뇩다라삼먁삼보리를 얻었다'고 하는 생각을 짓지 마라.

수보리야, 네가 만일 이런 생각을 하되 '아뇩다라삼먁삼보리심을 발한 사람은 모든 법이 단멸했다고 말하는가' 한다면 이런 생각도 하지 말지니 왜냐하면 아뇩다라삼먁삼보리심을 발한 사람은 법에 있어서 단멸상을 말하지 않느니라."

해 설

무단무멸 : 단멸이 없음

강 론

색신이 부처가 아닌 것은 말할 필요도 없지만 색신을 떠나서 부처를 보지도 못하리라.

단지 어느 쪽에 치우치는 것을 경계할 따름이다.

색신, 소리 등의 상(相)을 완전히 무시하면 단멸에 떨어진다.

만일 범부 중생들이 32상 80종호의 부처님 형상을 무시하고, 32청정행을 닦지 않고 아뇩다라삼먁삼보리를 이룬다 하면 스스로 부처종자를 죽이는 일이다.

물론 아뇩다라삼먁삼보리의 세계는 일체상이 끊어져서 허공과도 같다.

그렇다고 아무것도 존재하지 않는 그 자체를 아뇩다라삼먁삼보리라 하지는 않는다.

우리 범부 중생들은 말을 하면 그 말을 쫓아 다닌다. 그리고 거기에 매달려 전체를 보지 못하고 헤매인다.

법신은 본래로 상(相)이 없으므로 무상(無相) 무주(無住)로 세상을 살아야 한다고 가르치니 무상, 무주라는 말에 집착하여 또 다른 마음의 상을 일으켜 단멸상의 미궁속에 빠져드는 것이다.

부처님의 세계는 본래 색성(色聲)이라고 해도 걸리지 않고 색성의 세계가 아니라고 해도 걸리지 않는다.

게 송

剪不齊兮여　理還亂이요,　拽起頭來割不斷이로다
不知誰解巧安排오, 捏聚依前又放開로다
莫謂如來成斷滅하라 一聲이 還續一聲來로다

잘라도 가지런하지 않음이여 다스려도 또한 어지러움이여
머리를 끌어 일으켜 와서 베일래야 끊을 수 없도다
알 수 없구나, 누가 교묘히 안배함을 아는가
잡았다가 예전처럼 또 놓아주도다

여래가 단멸을 이루었다 말하지 말라
한 소리가 또 한 소리를 이어 오도다

- 冶父 -

認得心性時
可說不思議
了了無可得
得時不說知

마음의 성품을 깨달을 때에
가히 부사의함을 말할 수 있나니
성성 명료하되 가히 득할 바 아님이요
얻고 난 다음 그것을 안다고 말할 수 없나니!

- 鶴勒那尊子 -

正說知見時
知見俱是心
當心卽知見
知見卽于今

정법의 높은 지견 설할 때에는
지견은 이 마음 두루 갖춰라
곧바로 이 마음이 지견이어니
그 지견 지금에 출현함이라

- 獅子尊子 -

不受不貪分 第二十八
(불수불탐분 제이십팔)

不受不貪(불수불탐)
받지도 않고 탐하지도 않음.

•본 문•

1

한 문

須菩提 若菩薩 以滿恒河沙等世界七寶
수보리 약보살 이만항하사등세계칠보

持用布施 若復有人 知一切法無我
지용보시 약부유인 지일체법무아

得成於忍 此菩薩 勝前菩薩 所得功德 何以故
득성어인 차보살 승전보살 소득공덕 하이고

須菩提 以諸菩薩 不受福德故 須菩提 白佛言
수보리 이제보살 불수복덕고 수보리 백불언

世尊 云何菩薩 不受福德
세존 운하보살 불수복덕

須菩提 菩薩 所作福德 不應貪着
수보리 보살 소작복덕 불응탐착

是故 說不受福德
시고 설불수복덕

한 글

"수보리야, 만일 보살이 항하의 모래수와 같이 세계에 가득찬 칠보를 가져 보시에 쓴다 하더라도, 만약 어떤 사람이 일체법이 아(我)가 없음을 알아서 지혜[忍]를 얻어 이루면 이 보살은 앞의 보살이 얻은 공덕보다 수승하리라. 왜냐하면, 수보리야 이 모든 보살은 복덕을 받지 않기 때문이니라."

수보리가 부처님께 말씀드렸다.

"세존이시여, 어찌하여 보살이 복덕을 받지 않습니까?"

"수보리야, 보살은 지은 바 복덕에 탐착하지 않으므로 복덕을 받지 않는다 하느니라."

해 설

불수불탐:받지도 않고 탐하지도 않음

강 론

일체법이 무아(無我)임을 알아서 지혜[忍]를 성취한 것이 어찌 보시한 복덕보다 수승할 것인가? 중생의 보시는 상(相)에 머무른 것이어서 복덕을 구경으로 삼지만 보살은 그렇지 않다.

일체법의 성품이 공함을 통달하여 복덕을 오히려 받지 않기 때문이다. 보살의 지은 바 복덕은 자기를 위한 것이 아니요, 뜻이 일체 중생을 이익되게 하는데 있음으로 복덕을 받지 않는 것이 된다. 반야의 지혜에서 행해지는 모든 일들은 처음부터 복덕을 바라거나 깨달음을 이루려 하는 목적이 전제되지 않는다.

일체법이 텅비어 아(我)가 없음을 아는 보살은 무엇을 구하지 않는데도 태산 같은 그 무엇을 지니게 되고 탐하지 않는데도 바다보다 더 넓은 그 무엇을 갖게 되는 것이다.

'보살이 복덕을 탐한다'는 말은 본래 있을 수 없다. 만일 보살이 복덕을 탐한다 하면 그것이 유루(有漏)의 원인이 되어 그 결과로써 32상의 전륜성왕을 이룰 수는 있으나 부처는 되지 못한다.

만일 무루의 수행을 하여 무루의 원인을 심는다면 그 결과로서 얻어지는 그 모든 것이 무루의 결과가 되어서 그 공덕이 한량없는 것이다.

게 송

了知福德이 元無性하면
不應於中에 生染着이니
貪求已泯徹底空이라
日入萬金渾不知니라

복덕이 원래 성품이 없음을 알면
응당 그 가운데 물들고 집착함을 내지 않으리니
담하고 구함이 이미 없어저 철저하게 공하도다
하루에 만금이 들어와도 혼연히 알지 못하도다

　　　　　　- 涵 虛 -

聖人說知見
當境無是非
我今悟眞性
無道亦無理

성인이 지견을 설하심이여
이 경계는 시비곡직 모두 없느니
내 이제 부처자리 깨치고 보매
이치도 가는 길도 다 없느니라

　　　　　　　- 婆斯舍多尊子 -

眞性心地藏
無頭亦無尾
應緣而化物
方便呼爲智

참성품이 마음땅에 숨었는데
머리도 꼬리도 보이지 않도다
인연따라 변하는 것, 그것이려니
방편으로 부르기를 지혜라 하네

　　　　　　　- 不如密多尊子 -

威儀寂靜分 第二十九
(위의적정분 제이십구)

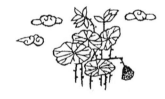

威儀寂靜(위의적정)
위의가 적정함.

• 본 문 •

1

한 문

須菩提 若有人言 如來 若來若去若坐若臥 是人
수 보 리 약 유 인 언 여 래 약 래 약 거 약 좌 약 와 시 인

不解我所說義 何以故 如來者 無所從來
불 해 아 소 설 의 하 이 고 여 래 자 무 소 종 래

亦無所去 故名如來
역 무 소 거 고 명 여 래

한 글

"수보리야, 만일 어떤 사람이 말하기를 '여래는 오기도 하
고 가기도 하며 앉기도 하고 눕기도 한다' 하면 이 사람은
나의 설한 바 뜻을 알지 못함이니라. 왜냐하면 여래란 어디
로부터 온 바도 없으며 또한 가는 바도 없으므로 여래라 이
름하기 때문이니라."

해 설

위의적정 : 위의가 적정함

강 론

참다운 법성신(法性身)은 상(相)도 아니며 상(相) 아님도 아닌 것이다. 성(性)과 상(相)이 서로 융통함이요, 동(動)과 정(靜)이 일여(一如)함이다.

여래란 늘 공적하게 있을 뿐이다. 가고 옴이 있으면 시방과 삼세에 충만할 수도 융통자재할 수도 없다.

하늘에 뜬 둥근 달이 여러 강물에 비친다하여 달이 오고 가는 일은 없다.

이와 같이 오고 감이 없으므로 여래라 하는 것이다. 물이 맑으면 달이 나타나고 물이 흐리면 달이 보이지 않을 뿐 본래의 달은 늘 그대로 있다.

여래는 온 우주법계에 가득하지만 한마음 청정하면 부처님을 보고 한마음 어두우면 부처님이 숨는다.

게 송

衲捲秋雲去復來하니 幾廻南岳與天台오
寒山拾得이 相逢笑하니 且道하라
笑箇甚麼오 笑道同行步不攙니라

납승이 가을 구름을 거두어 가고 또 오니
몇 번이나 남악산과 천태산을 돌았던고
한산 습득이 서로 만나 웃으니 또 일러라
그 웃음은 무엇인가
동행하되 한 걸음도 옮기지 않음을 웃어 보이도다

        － 冶 父 －

一向寒山坐 淹留三十年
昨來訪親友 太半入黃泉
漸減如殘燭 長流似逝川
今朝對孤影 不覺淚雙縣

내 한 번 한산에서 앉아지낸 지 아, 어느덧 삼십년 세월
엊그제 돌아와서 옛 벗 찾으니 태반은 이미 저세상 갔네
남은 촛불 점점점 가물거려도 저 강물은 쉬지않고 흘러가
누나
오늘 아침 외로운 그림자를 대하고 보니 나도 몰래 양볼에
눈물 흐르네

        － 寒山詩 －

本來無一物　亦無塵可拂
若能了達此　不用坐兀兀

본래에 한 물건도 있지 않은데
티끌마저 떨칠 것 따로이 없네

만일 능히 이 이치 요달하면은
구태여 앉아 있지 않아도 되네

－ 豊干詩 －

身貧未是貧 神貧如是貧
身貧能守道 名爲貧道人
神貧無智慧 果受餓鬼身
餓鬼比貧道 不如貧道人

이 몸 가난해도 가난 아니요 영혼이 가난해야 가난이로다
몸이야 가난해도 진리 안다면 청빈한 도인이라 이름하나니
영혼이 가난하고 지혜 없으면 그 결과 아귀 몸을 받게 되누나
아귀와 청빈도인 비교하자니 아귀가 청빈도인에 미칠 것인가

－ 拾得詩 －

君不見
三界之中紛擾擾 祇爲無明不了絶
一念不生心澄然 無去無來不生滅

그대여, 보이지 않는가?
삼계중에 묻혀서 시끄러움은 무명을 끊지 못한 그 이유로세
한 생각 나지 않아 맑으면 가고 옴이 모두 없고 생멸도 없다

－ 拾得詩 －

一合理相分 第三十
(일합이상분 제삼십)

一合理相(일합이상)

이치와 모양이 하나다.

· 본 문 ·

1

한 문

須菩提 若 善男子 善女人 以 三千大千世界
수보리 약 선남자 선여인 이 삼천대천세계

碎爲微塵 於意云何 是微塵衆 寧爲多不
쇄위미진 어의운하 시미진중 영위다부

須菩提言 甚多 世尊 何以故 若 是微塵衆 實有者
수보리언 심다 세존 하이고 약 시미진중 실유자

佛即不說是微塵衆 所以者何 佛說微塵衆
불즉불설시미진중 소이자하 불설미진중

即非微塵衆 是名微塵衆 世尊 如來所說
즉비미진중 시명미진중 세존 여래소설

三千大千世界 即非世界 是名世界 何以故
삼천대천세계 즉비세계 시명세계 하이고

若世界實有者 即是一合相 如來 說一合相
약세계실유자 즉시일합상 여래 설일합상

即非一合相 是名一合相 須菩提 一合相者
즉비일합상 시명일합상 수보리 일합상자

即是不可說 但凡夫之人 貪着其事
즉시불가설 단범부지인 탐착기사

한 글

"수보리야, 만일 선남자 선여인이 삼천대천세계를 부수어서 작은 먼지로 만든다면 그 수가 많지 않겠느냐?"

수보리가 대답하기를

"매우 많습니다. 세존이시여, 무슨 까닭인가 하면 만일 이 작은 먼지들이 실지로 있는 것이라면 부처님께서 곧 작은 먼지들이라고 말하지 않으셨을 것이옵니다. 왜냐하면 부처님께서 설하신 작은 먼지들은 곧 작은 먼지들이 아니고 그 이름이 작은 먼지들입니다. 세존이시여, 여래께서 설하신 삼천대천세계는 곧 세계가 아니고 그 이름이 세계입니다. 무슨 까닭이냐하면 만약 세계가 실로 있는 것이라면 곧 한 덩어리의 모양이 된 것이려니와 여래께서 말씀하시는 한 덩어리는 한 덩어리가 아니므로 한 덩어리라 이름하나이나."

"수보리야, 한 덩어리의 모양이란 곧 말할 수 없거늘 다만 범부들이 그것을 탐내고 집착하느니라."

해 설

일합이상 : 이치와 모양이 하나다.

강 론

불신(佛身)은 본래 무위(無爲)지만 근기에 따라 응하면서 거래(去來)를 보인다.

그래서 일신(一身)에서 삼신(三身)을 나타내고 또 삼신에
서 미진수의 몸을 나타내시며 일법(一法)에서 삼승(三乘)을
펴시고 삼승에서 미진수의 법(法)을 펴신다. 진신(眞身)과
응신(應身)은 다름이 없고, 차별이 있지 않다. 마니주는 그
방향에 따라 각각 나투어서 오색을 비추는 것이지만 어리석
은 사람들은 마니주에 실지로 오색이 있다고 착각한다.

한편, 낱낱 중생들의 성품 위에 있는 망령된 미진은 삼천
대천세계 가운데 있는 미진의 숫자와 같다. 이 숱한 미진이
미진이 아니라고 한 것은 진리를 깨달으면 곧 바로 청정의
세계가 열려 이미 미진이 아니기 때문이다.

삼승이 일승 밖의 것이 아니고 일승 또한 삼승 밖의 것이
아니므로 일합상이 된다. 그런데 만일 마음에 얻을 바가 있
으면 이미 일합상(一合相)이 못된다. 본래 번뇌와 보리가 둘
이 아니고 생사와 열반이 둘이 아니며, 중생과 부처님이 둘
이 아니라 모두 한 덩어리의 세계다.

이 한덩어리의 세계란 것도 여래의 경지에서 보면 거짓된
이름일 뿐이다. 그러므로 일합상에 집착해도 안되는 것이다.
일합상은 생각으로 따져서 될 문제가 아니다. 거기에 탐착하
여 얻어지는 결과가 아니라, 자비와 지혜 두 법을 행하므로
써 저절로 성취되는 것이다.

게 송

界塵이 一何異며 報應도 亦如然이라
非因亦非果이니 誰後復誰先이리오

事中에 通一合이나 理卽兩俱捐이니
欲達無生路인데 應當識本源이니라

세계와 미진이 하나일 뿐 다르지 않아 보신과 응신도 또한
그러하니라
인(因)도 아니고 과(果)도 아니거니 무엇이 뒤이고 무엇이
먼저이리오
모든 일은 한덩어리(一合)로 통하나 이치인즉 둘다 버려
야하나니 무생(無生)의 길을 통달하고자 할진댄 응당 본원을
알지니라

－ 傅大士 －

參究公案唯一心
畢竟登圓寂山頭
功德塔聳立於空
活眼魚族峰上遊
一已無一都放下
佛日光明照耀周

그 하나를 좇고 좇아서
마침내 다다른 곳, 원적산이라
공덕탑은 하늘(空) 가운데 우뚝하고
눈 뜬 고기는 산위에서 자유로이 노니네
하나 마저 더 이상 하나 아니니
온 우주 그대로가 부처님 광명

－ 無 一 －

知見不生分 第三十一
(지견불생분 제삼십일)

知見不生(지견불생)

지견을 내지 말라.

·본 문·

1

한 문

須菩提 若人言 佛說我見人見衆生見壽者見
수보리 약인언 불설아견인견중생견수자견

須菩提 於意云何 是人 解我所說義不 不也
수보리 어의운하 시인 해아소설의부 불야

世尊 是人 不解如來所說義 何以故
세존 시인 불해여래소설의 하이고

世尊 說我見人見衆生見壽者見 卽非我見人見
세존 설아견인견중생견수자견 즉비아견인견

衆生見壽者見 是名我見人見衆生見壽者見
중생견수자견 시명아견인견중생견수자견

須菩提 發阿耨多羅三藐三菩提 心者 於一切法
수보리 발아녹다라삼먁삼보리 심자 어일체법

應如是知 如是見 如是信解 不生法相 須菩提
응여시지 여시견 여시신해 불생법상 수보리

所言法相者 如來說 卽非法相 是名法相
소언법상자 여래설 즉비법상 시명법상

한 글

"수보리야, 만일 어떤 사람이 말하기를 '부처님이 아견, 인견, 중생견, 수자견을 설하였다' 한다면 어떻게 생각하느냐? 이 사람은 나의 설한 바 뜻을 이해하느냐?"

"아닙니다, 세존이시여. 그 사람은 여래께서 말씀하신 뜻을 알지 못합니다. 무슨 까닭인가 하면, 세존께서 말씀하신 아견, 인견, 중생견, 수자견은 곧 아견, 인견, 중생견, 수자견이 아니고 그 이름이 아견, 인견, 중생견, 수자견입니다."

"수보리야, 아뇩다라삼먁삼보리심을 발한 사람은 모든 법에 대하여 응당 이와 같이 알며 이와 같이 보며 이와 같이 믿어서 법이란 상을 내지 않아야 하느니라. 수보리야, 말한 바 법상이란 여래가 설하되 곧 법상이 아니고 그 이름이 법상이니라."

해 설

지견불생(知見不生) : 지견을 내지 말라.

강 론

여래께서 이 경을 설하실 때에는 일체중생으로 하여금 반야의 지혜를 스스로 깨달아서 스스로 보리과(菩提果)를 증득케하시거늘, 범부들은 부처님의 뜻을 알지 못하고, '여래께서

아견, 인견, 중생견, 수자견을 설했다'고 하는데 대한 의심을
풀어주고 있다. 여래가 설하신 아견, 인견 등의 견(見)은 범
부의 아견, 인견 등의 견(見)과 같지 않다.

여래의 아견(我見)은 일체중생은 다 불성(佛性)이 있다함
이요, 여래의 인견(人見)은 일체중생의 무루(無漏)한 지성
(智性)은 본래 스스로 구족하고 있다함이요, 여래의 중생견
(衆生見)은 일체중생은 본래 번뇌가 없다고 하심이요, 여래
의 수자견(壽者見)은 일체중생의 성품이 본래 스스로 불생불
멸(不生不滅)하다고 하심이다.

여래는 그러므로 일체 지혜방편을 행하여 사물에 접하여
만중생을 이롭게 하면서도 능소(能所)의 마음을 내지 않으신
다.

입으로 무상법(無相法)을 설하며 마음으로 무상행(無相
行)을 행하시는 것이다.

만일, 중생이 이 경을 읽고 여래가 아상, 인상, 중생상, 수
자상 등의 자기 고집 즉, 자기 생각에 매여 있는 것이라 하
면 그 사람은 여래의 심히 깊은 무상(無相), 무위(無爲), 반
야바라밀법을 알지 못한다.

물론, 부처님은 '이런 것은 아견이요', '이런 것은 인견이요'
하고 말씀하신 바가 없지는 않지만 그것은 세속제적인 말만
으로 아견, 인견 등을 설명하셨을 뿐 지견(知見)에 지(知)를
세우지는 않았다. 부처님은 일체 집착하지 아니하셨으므로
결국 아견, 인견, 중생견, 수자견을 말한 적이 없다.

이에 공(空)과 유(有)를 둘 다 잊어버리고 그 마지막 잊은
하나마저도 가슴에 걸어두지 않으면 바로 그 사람은 삼천대

천세계를 자신의 몸으로 삼는 것이 된다. 방편에 미혹되지
아니하면 본지풍광(本地風光)이 발길 닿는 곳마다 드러나게
된다.

게 송

千尺絲綸直下垂하니
一波纔動萬波隨라
夜靜水寒魚不食하니
滿船空載月明歸로다

천자나 되는 긴 낚싯줄을 곧게 드리우니
한 물결이 막 일어나매 만 파도가 따르는도다
밤은 고요하고 물은 차가와서 고기 물지 아니하여
배에 가득히 공연(空然)히 달 밝은 것만 싣고 돌아오도다

－ 冶父 －

應化非眞分 第三十二
(응화비진분 제삼십이)

應化非眞(응화비진)
응신과 화신은 진이 아님.

• 본 문 •

1

한 문

須菩提 若有人 以滿無量阿僧祇世界七寶
수보리   약유인   이만무량아승지세계칠보

持用布施 若有善男子善女人 發菩薩心者
지용보시   약유선남자선여인   발보살심자

持於此經 乃至四句偈等 受持讀誦 爲人演說
지어차경   내지사구게등   수지독송   위인연설

其福勝彼 云何爲人演說 不取於相 如如不動
기복승피   운하위인연설   불취어상   여여부동

한 글

"수보리야, 만약 어떤 사람이 한량없는 아승지세계에 가득
찬 칠보를 가지고 보시에 쓴다 할지라도 만일 어떤 선남자
선여인이 보살심을 발한 자가 있어서 이 경을 가지거나 사구
게 등이라도 수지하고 독송하여 다른 사람을 위해 연설하면

그 복덕이 먼저보다 수승하리라. 다른 사람을 위해 어떻게 연설할 것인가? 상에 집착하지 말고 여여하며 흔들리지 말아라."

해 설

응화비진 : 응신과 화신은 진이 아님

강 론

제 30, 31분에서 법신과 화신은 같은 것이 아니요, 다른 것도 아니라고 밝히며 그런 분별을 일으키지 말라고 하였다.

만일 같은 것이 아니라면 화신은 허망하고 거짓된 것이며, 또한 다른 것도 아니라면 하나의 법신으로 돌아가서 마침내 자체가 없는 것이 된다. 그렇다면 중생과 같은 몸을 나타낸 응신(應身), 교화의 대상에 따라 나타나신 화신(化身)은 단지 법신(法身)의 그림자일 뿐 헛되고 거짓되어 실체가 없는데 석가모니 부처님 즉, 응화신의 설법을 지닌다는 것은 무슨 의미가 있는지 생각해 보지 않을 수 없다.

여기에 대해서 부처님은 강한 믿음을 주셨다. 경을 지니며, 읽고, 외우고 남을 위해 일러주면 그 복이 이루 말할 수 없다는 것이다. 이미 화신 부처님은 겉모양에 집착하지 않고 여여부동한 법신의 경지에 접한 분이기 때문이다.

이와 같이 보살 마음을 낸 사람들은 이 경을 지니고 남을 위해 설명해 주는데 있어서 늘 맑고 깨끗한 마음으로 모든

중생을 평등하게 대하며 언제나 흔들림없는 태도를 견지해
야 한다. 시간과 공간, 남녀노소, 빈부귀천, 유식(有識), 무
식(無識)의 모든 분별을 초월하여 중생을 향한 자비행의 언
변을 토해내야 한다.

모든 모양있는 것을 영원한 것이라 생각하는 것도 병이지
만 모든 모양있는 것을 아무것도 아니라고 생각하는 것도 병
이다. 그 모두가 상(相)이다.

우리는 상을 떠나서 즉, 상에 대한 집착을 버릴 때만이 여
여부동할 수 있다. 그때 우리들은 '진실한 마음'이라고 이름
붙이는 것이다. '진실한 마음'을 가진 보살들은 '자기가 자기
를 보았다' 즉, '내가 부처다', '깨달았다'는 말을 하지 않는다.
눈이 눈을 보지는 못하는 법이다.

단지 중생을 만나면 훌륭한 방편으로 근기(根機)를 살피
고 잘 헤아려 설법할 뿐이다. 공적(空寂)하고 일여(一如)한
마음을 요달하였으므로 인연에 따라 설법하되 늘 여여부동
한 자리에 있게 되는 것이다.

2

한 문

何以故 一切有爲法 如夢幻泡影
하 이 고 일 체 유 위 법 여 몽 환 포 영

如露亦如電 應作如是觀
여 로 역 여 전 응 작 여 시 관

한 글

"무슨 까닭인가? 일체의 함이 있는 법은 꿈과 같고, 허깨비와 같고, 물거품과 같고, 그림자와 같고, 이슬과 같고, 번개와 같으니 응당 이와 같이 보아라."

강 론

일체유위법이라는 것은 생노병사(生老病死), 빈부귀천, 향내나고 구린내 나는 것, 더럽고 깨끗한 것, 푸르고 희고 빨간 것, 깊고 얕은 것 등 마음이 일으키고 마음이 조작하는 일체 모든 것을 말한다.

이 모두는 허망하기 이를데 없으며 무상(無常)할 뿐이다. 중생의 경계 안에서 변천되는 모양 즉, 상(相)은 집착할 것이 못된다.

부처님께서는 사람을 위해 연설하되 상을 취하지 말고 여여부동하라는 그 이유, 까닭을 일체유위법이 이렇듯 바로 믿을게 못되는 상(相)이기 때문이라고 하셨다.

유위법(有爲法)의 상은 바로 꿈 같고, 허깨비 같고, 거품 같고, 그림자 같고, 이슬 같고, 번개와 같다.

즉, 꿈자리가 진실이 아닌 것과 같으며, 허깨비 불빛이 현혹하는 것과 같고, 물거품이 잠시만 있는 것과 같고, 사람의 그림자가 없어지기 쉬운 것과 같으며, 아침이슬이 없어져 버리기 쉬운 것과 같고, 번쩍이는 번개가 갑자기 나타났다 없어지는 것과 같은 것이다.

　꿈이란 망령된 몸, 허깨비란 망령된 생각, 거품이란 번뇌, 그림자란 업장이라고 설파한 혜능 스님의 말씀을 들어보면 더욱 그 의미가 분명해진다.

　우리 범부들은 꿈, 번개 등의 육여(六如)를 여의고 여여하고도 부동한 이 법을 증득해야 한다. 언어, 시비, 분별이 끊어진 진여(眞如)의 자리는 일체유위법이 꿈, 허깨비 등과 같음을 느낄 때 얻어진다. 그러면, 이미 그는 어느 한 곳에 머물지 않아 현상계와 진리의 세계를 종횡무진한다.

　있는 것이 있는 것이 아닌 줄 알며(有卽非有), 없는 것이 없는 것이 아닌 줄 안다(無卽非無). 있지도 않고 없지도 않는 중도(中道)의 자리에 서서 걸림없이 이 세상을 살아나간다. 주객이 둘이 될 수 없으며, 설법과 침묵이 둘이 될 수 없다. 평등의 이치가 차별의 상이 되어 활약하고, 또 차별의 상은 평등의 이치에 귀입(歸入)하여 평등 즉 차별, 차별 즉 평등이라는 우주 실상(實相)의 모습이 선명하게 드러나게 된다.

3

한 문

佛說是經已 長老須菩提 及諸比丘比丘尼
불 설 시 경 이　장 로 수 보 리　급 제 비 구 비 구 니

優婆塞優婆夷 一切世間天人阿修羅 聞佛所說
우 바 새 우 바 이　일 체 세 간 천 인 아 수 라　문 불 소 설

皆大歡喜 信受奉行
개 대 환 희　신 수 봉 행

한 글

부처님께서 이 경을 설하여 마치시니, 장로인 수보리와 모든 비구, 비구니와 우바새 우바이와 일체 세간의 천상, 인간, 아수라 등이 부처님의 설하심을 듣고 모두 다 크게 환희하여 믿고 받아지녀 받들어 행하였다.

해 설

장　로:연세도 많으시고 덕망도 있으신 모임의 어른 격인
　　　 높으신 분을 일컬음
비　구 : 남자 스님
비구니 : 여자 스님
우바새 : 남자 신도, 거사, 처사
우바이 : 여자 신도, 한국의 보살

강 론

여기 이 금강경은 문의 3단 구성 즉, 서분(序分), 정종분(正宗分), 유통분(流通分) 중 마지막 유통분에 해당한다.

유통분에서 모든 대중들은 부처님의 설법에 감동을 받고 모두 받들어 행하였다고 하였다. 그러면 이 금강경 전체 말씀은 무슨 특징이 있단 말인가!

반야심경처럼 간결하지도 않으면서 그리고 대반야경처럼

그리 길지도 않는 이 금강경은 깨달음의 세계에 나아가게 하
는 지침서가 되기 때문이다.

금강석과 같이 견고하고 예리한 반야의 지혜로 무장하고
힘차게 이 세상을 살아갈 때 그 곳이 바로 열반(涅槃)의 세
계가 된다고 보는 것이다.

공사상(空思想)의 공(空)이란 말을 한 번도 사용하지 않으
면서도 이 금강경은 공의 이치를 유감없이 드러내고 있으므
로 불가사의하다고 하지 않을 수 없다.

온갖 번뇌의 근본이 되는 '나'와 '사물현상'에 대한 집착,
애착을 없애고 온갖 차별적인 관념에서 벗어날 때 바라밀의
세계는 성취된다.

무집착의 지혜로써 나침반을 삼고 끊임없는 자비행의 노
를 저을 때, 이 금강경 말씀은 시, 공간을 초월하여 살아 있
는 말씀, 활구(活句)법문이 되어 줄 것이다.

이 세상은 바로 마음이 청정한 우리 보살들의 것이므로 받
들어 행하지 않을래야 않을 수 없다. 그러므로 금강경을 수
지독송하며 포교하는 공덕은 가히 생각으로는 헤아릴 수가
없다.

게 송

頭頭總是요 物物全彰이로다
古今凡聖과 地獄天堂과
東西南北을 不用思量이니 刹塵沙界

諸群品이 盡入金剛大道場이로다

모두가 다 옳음이요, 물물이 온전히 드러내도다
옛날과 지금, 범부와 성인, 지옥과 천당,
동서남북 등을 사량하지 말지니 찰진세계의
모든 중생들이 모두 다같이 금강대도량에 들어가도다

- 冶 父 -

心地諸種生
因事後生理
果滿菩提圓
花開世尊起

마음 바탕에서 여러 가지 씨앗 나오니
인연따라 다시금 이치 생기네
열매 익어 보리가 원만해지고
꽃이 피니 부처님 일어나시도다

- 般若多羅尊子 -

한 글 편 (下)

• 한 글 편 (하) •

능정업장분 제십육

"그리고 수보리야, 선남자 선여인이 이 경을 받아지니며 읽고 외우는데도 만약 남에게 업신여김을 당하면 이 사람은 전생에 지은 죄업으로 마땅히 악도에 떨어질 것이지만 금생의 사람들이 업신여김으로써 전생의 죄업이 모두 소멸되고 마땅히 아뇩다라삼먁삼보리를 얻으리라.

수보리야, 내가 과거 무량아승지겁을 생각하니 연등부처님을 뵙기 전에 8백 4천만억 나유타의 여러 부처님을 만나서 모두 다 공양하고 받들어 섬겼으며, 헛되이 지냄이 없었느니라. 만약, 그리고 어떤 사람이 이 다음 말법 세상에 이 경을 받아 지니고 읽고 외우면, 그 얻는 공덕은 내가 여러 부처님께 공양한 공덕으로는 미치지 못하며 산수와 비유로도 미칠 수 없느니라.

수보리야, 만약 선남자 선여인이 이 다음 말법 세상에 이 경을 받아지니며 읽고 외워서 얻는 공덕을 내가 다 갖추어 말한다면, 혹 어떤 사람은 마음이 몹시 산란하여 의심하고 믿지 아니하리라.

　수보리야, 마땅히 알아라. 이 경은 뜻도 가히 생각할 수 없으며 과보도 또한 불가사의 하느니라."

구경무아분 제십칠

　그때에 수보리가 부처님께 사뢰었다.

　"세존이시여, 선남자 선여인이 아뇩다라삼먁삼보리의 마음을 내고는 어떻게 머물러야 되며 어떻게 그 마음을 항복받으리이까?"

　부처님께서 수보리에게 말씀하셨다.

　"선남자 선여인이 아뇩다라삼먁삼보리의 마음을 내었거든 마땅히 이러한 마음을 낼지니, '내가 응당 일체 중생을 멸도하리라' 하라.

　일체중생을 멸도한다고는 하지만 실제에는 한 중생도 멸도될 이가 없나니 무슨 까닭이겠는가?

　만약 보살이 아상, 인상, 중생상, 수자상이 있으면 보살이 아니기 때문이니라.

　그 까닭이 무엇이겠는가?

　수보리야, 실로 법이 있어서 아뇩다라삼먁삼보리심을 발한 것이 아니기 때문이니라.

　수보리야, 어떻게 생각하느냐. 여래가 연등불 처소에서 법이 있어 아뇩다라삼먁삼보리를 얻었느냐?"

　"아닙니다. 세존이시여, 제가 부처님께서 말씀하신 뜻을 이해하기에는 부처님이 연등불 처소에서 법이 있어 아뇩다라삼먁삼보리를 얻은 것이 아닙니다."

부처님이 말씀하시되,

"그러하느니라. 그러하느니라."

"수보리야, 실로 법이 있어서 여래가 아뇩다라삼먁삼보리를 얻음이 아니니라.

수보리야, 만약 법이 있어서 여래가 아뇩다라삼먁삼보리를 얻었다면 연등불이 곧 나에게 수기를 주면서 '너는 내세에 마땅히 부처를 이루리니 호를 석가모니라 하라'고 하시지 않았으려니와 실로 법이 있어서 아뇩다라삼먁삼보리를 얻은 것이 아니므로 이 까닭에 연등불이 나에게 수기를 주시면서 말씀하시되 '너는 내세에 마땅히 부처를 이루리니 호를 석가모니라 하리라'고 하셨느니라.

무슨 까닭이냐하면 여래라 함은 곧 모든 법이 여여하다는 뜻이니라. 만일 어떤 사람이 '여래가 아뇩다라삼먁삼보리를 얻었다'고 말하더라도 얻은 것이 아니니라. 수보리야, 여래가 얻은 아뇩다라삼먁삼보리 가운데는 실다움도 없고 헛됨도 없느니라. 그러므로, 여래가 말씀하시기를 '일체 모든 법이 다 불법'이라고 하느니라. 수보리야, 말한 바 일체 모든 법이란 곧 일체 모든 법이 아니므로 일체 모든 법이라 이름하느니라. 수보리야, 비유하건대 사람의 몸이 크다는 것과 같느니라."

수보리가 말씀드리되,

"세존이시여 여래께서 어떤 사람의 몸이 크다고 말씀하신 것은 곧 큰 몸이 아니요, 그 이름이 큰 몸인 것입니다."

"수보리야, 보살도 또한 이와 같아서 만일 이런 말을 하되

'내가 마땅히 한량없는 중생을 멸도하리라' 한다면 보살이라 이름할 수 없음이니 무슨 까닭인가? 수보리야 진실로 보살이라 이름할 것이 없기 때문이니라. 그러므로 부처님이 설하시되 '일체 모든 법이란 아도 없고, 인도 없고, 중생도 없으며, 수자도 없다' 하느니라.

수보리야, 만일 어떤 보살이 이런 말을 하되, '내가 마땅히 불국토를 장엄하리라' 한다면 이는 보살이라 이름할 수 없음이니 무슨 까닭인가? 여래가 설한 불국토를 장엄한다는 것은 곧 장엄이 아니고 그 이름이 장엄이니라.

수보리야, 만약 보살이 무아의 법을 통달한 자이면 여래는 이를 참다운 보살이라 이름하느니라.

일체동관분 제십팔

수보리야, 어떻게 생각하느냐. 여래가 육안이 있느냐?"

"그러하옵니다. 세존이시여, 여래께서는 육안이 있습니다."

"수보리야, 어떻게 생각하느냐. 여래가 천안이 있느냐?"

"그러하옵니다. 세존이시여, 여래께서는 천안이 있습니다."

"수보리야, 어떻게 생각하느냐. 여래가 혜안이 있느냐?"

"그러하옵니다.세존이시여, 여래께서는 혜안이 있습니다."

"수보리야, 어떻게 생각하느냐. 여래가 법안이 있느냐?"

"그러하옵니다. 세존이시여, 여래께서는 법안이 있습니다."

"수보리야, 어떻게 생각하느냐. 여래가 불안이 있느냐?"

"그러하옵니다. 세존이시여, 여래께서는 불안이 있습니다."

"수보리야, 어떻게 생각하느냐. '저 항하 가운데 있는 모래와 같이'라고 모래를 부처님이 말씀하신 적이 있느냐?"

"예, 있습니다. 세존이시여, 모래를 말씀하셨습니다."

"수보리야, 어떻게 생각하느냐. 저 한 항하에 있는 모래수와 같이 그렇게 많은 항하가 있고 그 모든 항하에 있는 바모래수 만큼의 불세계가 있다면 이 수는 많음이 되겠느냐?"

"심히 많겠습니다. 세존이시여."

부처님이 수보리에게 이르시되

"저 국토 가운데 있는 중생의 가지가지 종류의 마음을 여래가 다 아시느니라. 왜냐하면 여래가 설한 모든 마음은 다 마음이 아니요 그 이름이 마음이기 때문이니라.

까닭이 무엇이냐하면 수보리야, 과거의 마음도 얻을 수 없으며 현재의 마음도 얻을 수 없으며, 미래의 마음도 얻을 수 없음이니라.

법계통화분 제십구

수보리야, 어떻게 생각하느냐?.

만약 어떤 사람이 삼천대천세계를 칠보로 가득 채워 보시한다면 이 사람은 이 인연으로 복을 많이 얻겠느냐?"

"예, 세존이시여. 그 사람은 이 인연으로 복을 많이 얻겠습니다."

"수보리야, 복이 실다움이 있을진대 여래가 복덕을 얻음이 많다고 말하지 않으련만 복덕이 없으므로 여래가 복덕을 얻음이 많다고 말하느니라.

이색이상분 제이십

수보리야, 어떻게 생각하느냐. 부처를 가히 구족한 색신으로써 볼 수 있겠느냐?"

"볼 수 없습니다. 세존이시여, 여래를 구족한 색신으로써 볼 수 없습니다. 왜냐하면, 여래께서 설하신 구족한 색신은 곧 구족한 색신이 아니고 이름이 구족한 색신인 까닭입니다."

"수보리야, 어떻게 생각하느냐, 여래를 모든 상이 구족한 것으로써 보겠느냐?"

"보지 못합니다. 세존이시여, 여래를 모든 상이 구족한 것으로 볼 수 없습니다. 왜냐하면 여래께서 설하신 모든 상의 구족함이 곧 구족이 아니고 그 이름이 모든 상의 구족함입니다."

비설소설분 제이십일

"수보리야, 너는 여래가 이런 생각을 하되 '내가 마땅히 설한 바 법이 있다'고 이르지 말라. 이런 생각을 하지 말지니 무슨 까닭인가?

만약 어떤 사람이 여래가 설한 법이 있다고 말한다면 이는 곧 부처님을 비방함이니라. 능히 내가 설한 바를 알지 못한 까닭이니라.

수보리야, 설법이란 것은 법을 가히 설할 것이 없음을 이름하여 설법이라 하느니라."

그때에 혜명 수보리가 부처님께 말씀드렸다.

"세존이시여, 자못 어떤 중생이 미래세에 이 법 설하심을 듣고 믿는 마음을 내오리까?"

부처님께서 말씀하시되,

"저들은 중생이 아니며 중생 아님도 아니니 무슨 까닭인가? 수보리야, 중생을 중생이라 한 것은 여래가 말씀하시되 중생이 아니고 그 이름이 중생이니라."

무법가득분 제이십이

수보리가 부처님께 말씀드렸다.

"세존이시여, 부처님께서 아뇩다라삼먁삼보리를 얻으심은 얻은 바 없음이 되옵니다."

부처님께서 말씀하시되

"그러하니라. 그러하니라. 수보리야, 내가 아뇩다라삼먁삼보리 내지 작은 법이라도 가히 얻음이 없으므로 이를 아뇩다라삼먁삼보리라 이름하느니라.

정심행선분 제이십삼

또한 수보리야, 이 법은 평등하여 높고 낮음이 없으므로 아뇩다라삼먁삼보리라 이름하느니라. 아도 없고 인도 없고 중생도 없고 수자도 없이 일체 선법을 닦으면 곧 아뇩다라삼먁삼보리를 얻느니라. 수보리야, 말한 바 선법이란 것은 여래가 설하되 곧 선법이 아니고 그 이름이 선법이니라.

복지무비분 제이십사

수보리야, 만약 삼천대천세계 가운데 있는 모든 수미산왕과 같은 칠보 무더기들을 어떤 사람이 가져다 보시하더라도이 반야바라밀경이나 4구게 등을 수지 독송하여 남을 위해말해주는데 비하면 그 복덕은 백분의 일, 백천만억분의 일에도 미치지 못할 뿐 아니라, 헤아림이나 비유로는 능히 미치지 못하느니라.

화무소화분 제이십오

수보리야, 어떻게 생각하느냐. 너희들은 여래가 이런 생각을 하되 '내가 마땅히 중생을 제도한다'고 말하지 말라. 수보리야, 이런 생각은 하지 말지니 왜냐하면 실로는 여래가 제도할 중생이 없는 까닭이니라. 만약 여래가 제도할 중생이 있다하면 여래는 곧 아와 인과 중생과 수자가 있음이니라.

수보리야, 여래가 설하되 곧 아가 있다는 것은 곧 아가 있음이 아니거늘 범부들이 이를 아가 있다고 여기느니라.

수보리야, 범부라는 것도 여래가 설하되 곧 범부가 아니고그 이름이 범부니라.

법신비상분 제이십육

수보리야, 어떻게 생각하느냐. 가히 32상으로써 여래를 볼수 있겠느냐?"

수보리가 말씀드리되

"그렇습니다. 32상으로써 여래를 볼 수 있습니다."

부처님께서 말씀하시되

"수보리야, 만약 32상으로 여래를 본다하면 전륜성왕도 곧 여래이리라."

수보리가 부처님께 사뢰었다.

"세존이시여, 제가 부처님의 설하신 뜻을 알기로는 응당 32상으로써 여래를 볼 수 없습니다."

그때 세존께서 게송으로 말씀하셨다.

"만약 색신으로써 나를 보거나 음성으로써 나를 구하면 그 사람은 사도를 행함이라, 능히 여래를 보지 못하리라.

무단무멸분 제이십칠

수보리야, 네가 만일 이런 생각을 하되 '여래는 구족한 상을 쓰지 않는 까닭으로 아뇩다라삼먁삼보리를 얻었다' 하겠느냐. 수보리야, '여래는 구족한 상을 쓰지 않는 까닭으로 아뇩다라삼먁삼보리를 얻었다'고 하는 생각을 짓지 마라.

수보리야, 네가 만일 이런 생각을 하되 '아뇩다라삼먁삼보리심을 발한 사람은 모든 법이 단멸했다고 말하는가' 한다면 이런 생각도 하지 말지니 왜냐하면 아뇩다라삼먁삼보리심을 발한 사람은 법에 있어서 단멸상을 말하지 않느니라.

불수불탐분 제이십팔

수보리야, 만일 보살이 항하의 모래수와 같이 세계에 가득

찬 칠보를 가져 보시에 쓴다 하더라도, 만약 어떤 사람이 일체법이 아(我)가 없음을 알아서 지혜[忍]를 얻어 이루면 이 보살은 앞의 보살이 얻은 공덕보다 수승하리라. 왜냐하면, 수보리야 이 모든 보살은 복덕을 받지 않기 때문이니라."

수보리가 부처님께 말씀드렸다.

"세존이시여, 어찌하여 보살이 복덕을 받지 않습니까?"

"수보리야, 보살은 지은 바 복덕에 탐착하지 않으므로 복덕을 받지 않는다 하느니라.

위의적정분 제이십구

수보리야, 만일 어떤 사람이 말하기를 '여래는 오기도 하고 가기도 하며 앉기도 하고 눕기도 한다' 하면 이 사람은 나의 설한 바 뜻을 알지 못함이니라. 왜냐하면 여래란 어디로부터 온 바도 없으며 또한 가는 바도 없으므로 여래라 이름하기 때문이니라.

일합이상분 제삼십

수보리야, 만일 선남자 선여인이 삼천대천세계를 부수어서 작은 먼지로 만든다면 그 수가 많지 않겠느냐?"

수보리가 대답하기를

"매우 많습니다. 세존이시여, 무슨 까닭인가 하면 만일 이 작은 먼지들이 실지로 있는 것이라면 부처님께서 곧 작은 먼지들이라고 말하지 않으셨을 것이옵니다. 왜냐하면 부처님께

서 설하신 작은 먼지들은 곧 작은 먼지들이 아니고 그 이름
이 작은 먼지들입니다.

세존이시여, 여래께서 설하신 삼천대천세계는 곧 세계가
아니고 그 이름이 세계입니다. 무슨 까닭이냐하면 만약 세계
가 실로 있는 것이라면 곧 한 덩어리의 모양이 된 것이려니
와 여래께서 말씀하시는 한 덩어리는 한 덩어리가 아니므로
한 덩어리라 이름하나이다."

"수보리야, 한 덩어리의 모양이란 곧 말할 수 없거늘 다만
범부들이 그것을 탐내고 집착하느니라.

지견불생분 제삼십일

수보리야, 만일 어떤 사람이 말하기를 '부처님이 아견, 인
견, 중생견, 수자견을 설하였다' 한다면 어떻게 생각하느냐?
이 사람은 나의 설한 바 뜻을 이해하느냐?"

"아닙니다, 세존이시여. 그 사람은 여래께서 말씀하신 뜻
을 알지 못합니다. 무슨 까닭인가 하면, 세존께서 말씀하신
아견, 인견, 중생견, 수자견은 곧 아견, 인견, 중생견, 수자
견이 아니고 그 이름이 아견, 인견, 중생견, 수자견입니다."

"수보리야, 아뇩다라삼먁삼보리심을 발한 사람은 모든 법
에 대하여 응당 이와 같이 알며, 이와 같이 보며, 이와 같이
믿어서 법이란 상을 내지 않아야 하느니라. 수보리야, 말한
바 법상이란 여래가 설하되 곧 법상이 아니고 그 이름이 법
상이니라.

응화비진분 제삼십이

　수보리야, 만약 어떤 사람이 한량없는 아승지세계에 가득
찬 칠보를 가지고 보시에 쓴다 할지라도 만일 어떤 선남자
선여인이 보살심을 발한 자가 있어서 이 경을 가지거나 사구
게 등이라도 수지하고 독송하여 다른 사람을 위해 연설하면
그 복덕이 먼저보다 수승하리라. 다른 사람을 위해 어떻게
연설할 것인가? 상에 집착하지 말고 여여하며 흔들리지 말
아라.

　무슨 까닭인가, 일체의 함이 있는 법은 꿈과 같고, 허깨비
와 같고, 물거품과 같고, 그림자와 같고, 이슬과 같고, 번개
와 같으니 응당 이와 같이 보아라."

　부처님께서 이 경을 설하여 마치시니, 장로인 수보리와 모
든 비구, 비구니와 우바새 우바이와 일체 세간의 천상, 인간,
아수라 등이 부처님의 설하심을 듣고 모두 다 크게 환희하여
믿고 받아지녀 받들어 행하였다.

한 문 편

金剛般若波羅蜜經
금강반야바라밀경

法會因由分 第一
법회인유분 제일

如是我聞하사오니 一時에 佛이 在舍衛國祇樹給
여시아문 일시 불 재사위국기수급

孤獨園하사 與大比丘衆千二百五十人과
고독원 여대비구중천이백오십인

俱러시니 爾時에 世尊이 食時에 着衣持鉢하시고
구 이시 세존 식시 착의지발

入舍衛大城하사 乞食하실새 於其城中에 次第乞
입사위대성 걸식 어기성중 차제걸

已하시고 還至本處하사 飯食訖하시고
이 환지본처 반사흘

收衣鉢하시고 洗足已하시고 敷座而坐러시다
수의발 세족이 부좌이좌

善現起請分 第二
선현기청분 제이

時에 長老인 須菩提가 在大衆中이라가 卽從座
시 장로 수보리 재대중중 이라가 즉종좌

起_{하여} 偏袒右肩_{하고} 右膝着地_{하여} 合掌恭敬_{하사}
기 편단우견 우슬착지 합장공경

而白佛言_{하사되} 希有世尊_하 如來_{께서} 善護念諸
이백불언 희유세존 여래 선호념제

菩薩_{하시며} 善付囑諸菩薩_{하시나이다}
보살 선부촉제보살

世尊_하 善男子善女人_이 發阿耨多羅三藐三菩
세존 선남자선여인 발아뇩다라삼먁삼보

提心_{한이는} 應云何住_며 云何降伏其心_{하리이까}
리심 응운하주 운하항복기심

佛言_{하사되} 善哉善哉_라 須菩提_야 如汝所說_{하야}
불언 선재선재 수보리 여여소설

如來_가 善護念諸菩薩_{하며} 善付囑諸菩薩_{하나니}
여래 선호념제보살 선부촉제보살

汝今諦聽_{하라} 當爲汝說_{하리라} 善男子善女人_이
여금제청 당위여설 선남자선여인

發阿耨多羅三藐三菩提心_{한 이는} 應如是住_{하며}
발아뇩다라삼먁삼보리심 응여시주

如是降伏其心_{이니라}
여시항복기심

唯然世尊_{이시여} 願樂欲聞_{하나이다}
유연세존 원요욕문

大乘正宗分 第三
대 승 정 종 분 제 삼

佛_{께서} 告須菩提_{하사되} 諸菩薩摩訶薩_은 應如是
불 고수보리 제보살마하살 응여시

降伏其心이니 所有一切衆生之類 若卵生 若
항복기심 소유일체중생지류 약난생 약

胎生 若濕生 若化生 若有色 若無色 若有想
태생 약습생 약화생 약유색 약무색 약유상

若無想 若非有想 非無想을 我皆令入無餘涅
약무상 약비유상 비무상 아개영입무여열

槃하야 而滅度之하리니 如是滅度無量無數無邊
반 이멸도지 여시멸도무량무수무변

衆生하되 實無衆生이 得滅度者니
중생 실무중생 득멸도자

何以故 須菩提야 若菩薩이 有我相 人相 衆生
하이고 수보리 약보살 유아상 인상 중생

相 壽者相하면 卽非菩薩이니라
상 수자상 즉비보살

妙行無住分 第四
묘행무주분 제사

復次須菩提야 菩薩은 於法에 應無所住하야 行
부차수보리 보살 어법 응무소주 행

於布施니 所謂不住色布施하며 不住聲香味觸
어보시 소위부주색보시 부주성향미촉

法布施니라 須菩提야 菩薩은 應如是布施이니
법보시 수보리 보살 응여시보시

不住於相이니 何以故오 若菩薩이 不住相布施
부주어상 하이고 약보살 부주상보시

하면 其福德이 不可思量이니라
기복덕 불가사량

須菩提_야 於意云何_오 東方虛空_을 可思量不_아
수 보 리   어 의 운 하   동 방 허 공   가 사 량 부

不也_{니이다} 世尊_하 須菩提_야 南西北方四維上
불 야   세 존   수 보 리   남 서 북 방 사 유 상

下虛空_을 可思量不_아 不也_{니이다}
하 허 공   가 사 량 부   불 야

世尊_하 須菩提_야 菩薩_의 無住相布施_{하는} 福德_도
세 존   수 보 리   보 살   무 주 상 보 시   복 덕

亦復如是_{하야} 不可思量_{이니라}
역 부 여 시   불 가 사 량

須菩提_야 菩薩_은 但應如所教住_{니라}
수 보 리   보 살   단 응 여 소 교 주

如理實見分 第五
여 리 실 견 분 제 오

須菩提_야 於意云何_오 可以身相_{으로} 見如來
수 보 리   어 의 운 하   가 이 신 상   견 여 래

不_아 不也_{니이다} 世尊_{이시여} 不可以身相_{으로}
부   불 야   세 존   불 가 이 신 상

得見如來_니 何以故_오 如來所說身相_은
득 견 여 래   하 이 고   여 래 소 설 신 상

卽非身相_{일새니이다} 佛_{께서} 告須菩提_{하사되} 凡所
즉 비 신 상   불   고 수 보 리   범 소

有相_이 皆是虛妄_{이니} 若見諸相非相_{하면} 卽見
유 상   개 시 허 망   약 견 제 상 비 상   즉 견

如來_{니라}
여 래

正信希有分 第六
정신희유분 제육

須菩提 白佛言하사되 世尊하 頗有衆生이 得聞
수보리 백불언 세존 파유중생 득문

如是言說章句하옵고 生實信不잇가 佛이 告須菩
여시언설장구 생실신부 불 고수보

提하사되 莫作是說하라 如來滅後 後五百歲에
리 막작시설 여래멸후 후오백세

有持戒修福者 於此章句에 能生信心하야 以此
유지계수복자 어차장구 능생신심 이차

爲實하리니 當知是人은 不於一佛二佛三四五
위실 당지시인 불어일불이불삼사오

佛에 而種善根이라 已於無量千萬佛所에 種諸
불 이종선근 이어무량천만불소 종제

善根하야 聞是章句하고 乃至一念 生淨信者니라
선근 문시장구 내지일념 생정신자

須菩提야 如來 悉知悉見하나니 是諸衆生이
수보리 여래 실지실견 시제중생

得如是無量福德이니라 何以故오 是諸衆生이
득여시무량복덕 하이고 시제중생

無復我相 人相 衆生相 壽者相하며 無法相하며
무부아상 인상 중생상 수자상 무법상

亦無非法相이니 何以故오 是諸衆生이 若心取
역무비법상 하이고 시제중생 약심취

相하면 卽爲着我人衆生壽者니라
상 즉위착아인중생수자

若取法相이라도 卽着我人衆生壽者니 何以故오
약취법상 즉착아인중생수자 하이고

若取非法相이라도 卽着我人衆生壽者니라
약 취 비 법 상   즉 착 아 인 중 생 수 자

是故로 不應取法이며 不應取非法이니 以是義
시 고   불 응 취 법   불 응 취 비 법   이 시 의

故로 如來常說하사되 汝等比丘 知我說法을
고   여 래 상 설   여 등 비 구 지 아 설 법

如筏喩者라하노니 法尙應捨어든 何況非法이랴
여 벌 유 자   법 상 응 사   하 황 비 법

無得無說分 第七
무 득 무 설 분 제 칠

須菩提야 於意云何오 如來 得 阿耨多羅三藐
수 보 리   어 의 운 하   여 래 득 아 뇩 다 라 삼 막

三菩提耶아 如來有所說法耶아 須菩提言하사되
삼 보 리 야   여 래 유 소 설 법 야   수 보 리 언

如我解佛所說義컨대 無有定法名 阿耨多羅三
여 아 해 불 소 설 의   무 유 정 법 명 아 뇩 다 라 삼

藐三菩提며 亦無有定法如來可說이니 何以故오
막 삼 보 리   역 무 유 정 법 여 래 가 설   하 이 고

如來 所說法은 皆不可取며 不可說이며 非法이며
여 래 소 설 법   개 불 가 취   불 가 설   비 법

非非法이니 所以者何오
비 비 법   소 이 자 하

一切賢聖이 皆以無爲法으로 而有差別이니라
일 체 현 성   개 이 무 위 법   이 유 차 별

依法出生分 第八
의 법 출 생 분 제 팔

須菩提야 於意云何오 若人이 滿三千大千世界
수 보 리   어 의 운 하   약 인   만 삼 천 대 천 세 계

七寶로 以用布施하면 是人의 所得福德이 寧爲
칠 보   이 용 보 시   시 인   소 득 복 덕   영 위

多不아 須菩提言하사되 甚多니이다 世尊하 何以
다 부   수 보 리 언   심 다   세 존 하   하 이

故오 是福德이 卽非福德性일새 是故로 如來說
고   시 복 덕   즉 비 복 덕 성   시 고   여 래 설

福德多니이다 若復有人이 於此經中에 受持乃
복 덕 다   약 부 유 인   어 차 경 중   수 지 내

至四句偈等하야 爲他人說하면 其福이 勝彼하리니
지 사 구 게 등   위 타 인 설   기 복   승 피

何以故오 須菩提야 一切諸佛과 及諸佛 阿耨
하 이 고   수 보 리   일 체 제 불   급 제 불 아 뇩

多羅三藐三菩提法이 皆從此經出이니라 須菩
다 라 삼 먁 삼 보 리 법   개 종 차 경 출   수 보

提야 所謂佛法者는 卽非佛法이니라
리   소 위 불 법 자   즉 비 불 법

一相無相分 第九
일 상 무 상 분 제 구

須菩提야 於意云何오 須陀洹이 能作是念하되
수 보 리   어 의 운 하   수 다 원   능 작 시 념

我得須陀洹果不아 須菩提言하사되 不也니이다
아 득 수 다 원 과 부   수 보 리 언   불 야

世尊하 何以故오 須陀洹은 名爲入流로되
세존 하이고 수다원 명위입류

而無所入이니 不入色聲香味觸法일새 是名須
이무소입 불입색성향미촉법 시명수

陀洹이니이다 須菩提야 於意云何오 斯陀含이 能
다원 수보리 어의운하 사다함 능

作是念하되 我得斯陀含果不아 須菩提言하사되
작시념 아득사다함과부 수보리언

不也니이다 世尊하 何以故오 斯陀含은 名一往
불야 세존 하이고 사다함 명일왕

來로되 而實無往來일새 是名斯陀含이니이다
래 이실무왕래 시명사다함

須菩提야 於意云何오 阿那含이 能作是念하되
수보리 어의운하 아나함 능작시념

我得阿那含果不아 須菩提言하사되 不也니이다
아득아나함과부 수보리언 불야

世尊하 何以故오 阿那含은 名爲不來로되 而實
세존 하이고 아나함 명위불래 이실

無不來일새 是故로 名阿那含이니이다
무불래 시고 명아나함

須菩提야 於意云何오 阿羅漢이 能作是念하되
수보리 어의운하 아라한 능작시념

我得阿羅漢道不아 須菩提言하사되 不也니이다 世
아득아라한도부 수보리언 불야 세

尊하 何以故오 實無有法 名阿羅漢이니 世尊하
존 하이고 실무유법 명아라한 세존

若阿羅漢이 作是念하되 我得阿羅漢道라하면
약아라한 작시념 아득아라한도

卽爲着我人衆生壽者니이다
즉 위 착 아 인 중 생 수 자

世尊하 佛說我得無諍三昧人中에 最爲第一이라
세 존 불 설 아 득 무 쟁 삼 매 인 중 최 위 제 일

是第一離欲阿羅漢이라하시다 世尊하 我不作是念
시 제 일 이 욕 아 라 한 세 존 아 부 작 시 념

하되 我是離欲阿羅漢이라하오이다 世尊하 我若作是
아 시 이 욕 아 라 한 세 존 아 약 작 시

念하되 我得阿羅漢道라하면 世尊이 卽不說須菩
념 아 득 아 라 한 도 세 존 즉 불 설 수 보

提 是樂阿蘭那行者라 하시려니
리 시 요 아 란 나 행 자

以須菩提 實無所行일새 而名須菩提 是樂阿蘭
이 수 보 리 실 무 소 행 이 명 수 보 리 시 요 아 란

那行이라하시나이다
나 행

莊嚴淨土分 第十
장 엄 정 토 분 제 십

佛告須菩提하사되 於意云何오 如來 昔在燃燈
불 고 수 보 리 어 의 운 하 여 래 석 재 연 등

佛所하야 於法에 有所得不아 不也니이다
불 소 어 법 유 소 득 부 불 야

世尊하 如來在燃燈佛所하사 於法에
세 존 여 래 재 연 등 불 소 어 법

實無所得이니이다 須菩提야 於意云何오 菩薩이
실 무 소 득 수 보 리 어 의 운 하 보 살

莊嚴佛土不_아 不也_{니이다} 世尊_하 何以故_오 莊
장엄불토부　불야　　세존　하이고　장

嚴佛土者_는 卽非莊嚴_{일새} 是名莊嚴_{이니이다}
엄불토자　즉비장엄　시명장엄

是故_로 須菩提_야 諸菩薩摩訶薩_이 應如是生
시고　수보리　제보살마하살　응여시생

淸淨心_{이니} 不應住色生心_{하며} 不應住聲香味觸
청정심　불응주색생심　불응주성향미촉

法生心_{이요} 應無所住_{하여} 而生其心_{이니라}
법생심　응무소주　이생기심

須菩提_야 譬如有人_이 身如須彌山王_{하면} 於意
수보리　비여유인　신여수미산왕　어의

云何_오 是身_이 爲大不_아 須菩提言_{하사되} 甚大_니
운하　시신　위대부　수보리언　심대

_{이다} 世尊_하 何以故_오 佛說非身_이 是名大身_{이니이다}
세존　하이고　불설비신　시명대신

無爲福勝分 第十一
무위복승분 제십일

須菩提_야 如恒河中所有沙數_{하야} 如是沙等恒
수보리　여항하중소유사수　여시사등항

河 於意云何_오 是諸恒河沙 寧爲多不_아 須菩
하 어의운하　시제항하사 영위다부　수보

提言_{하사되} 甚多_{니이다} 世尊_하 但諸恒河_도 尙多
리언　심다　세존　단제항하　상다

無數_은 何況其沙_{리잇가} 須菩提_야 我今 實言_{으로}
무수　하황기사　수보리　아금 실언

告汝 하노니 若有善男子善女人이 以七寶로 滿
고 여   약유선남자선여인   이 칠 보   만

爾所恒河沙數三千大千世界 하야 以用布施 하면
이 소 항 하 사 수 삼 천 대 천 세 계   이 용 보 시

得福이 多不아 須菩提言 하사되 甚多 니이다
득 복   다 부   수 보 리 언   심 다

世尊 하 佛告須菩提 하사되 若善男子 善女人이
세 존   불 고 수 보 리   약 선 남 자 선 여 인

於此經中에 乃至受持四句偈等 하야
어 차 경 중   내 지 수 지 사 구 게 등

爲他人說 하면 而此福德이 勝前福德 하리라
위 타 인 설   이 차 복 덕   승 전 복 덕

尊重正教分 第十二
존 중 정 교 분 제 십 이

復次須菩提야 隨說是經 하되 乃至四句偈等 하면
부 차 수 보 리   수 설 시 경   내 지 사 구 게 등

當知此處는 一切世間天人阿修羅 皆應供養을
당 지 차 처   일 체 세 간 천 인 아 수 라 개 응 공 양

如佛塔廟 어든 何況有人이 盡能受持讀誦 이랴
여 불 탑 묘   하 황 유 인   진 능 수 지 독 송

須菩提야 當知是人은
수 보 리   당 지 시 인

成就最上第一希有之法 이니 若是經典所在之
성 취 최 상 제 일 희 유 지 법   약 시 경 전 소 재 지

處는 卽爲有佛과 若尊重弟子 니라
처   즉 위 유 불   약 존 중 제 자

如法受持分 第十三
여 법 수 지 분 제 십 삼

爾時_에 須菩提白佛言_{하사되} 世尊_하 當何名此
이 시　　수보리백불언　　　세 존　　당하명차

經_{이며} 我等_이 云何奉持_{하리까}
경　　아 등　운하봉지

佛告須菩提_{하사되} 是經_은 名爲金剛般若波羅
불고수보리　　　시 경　명위금강반야바라

蜜_{이니} 以是名字_로 汝當奉持_{하라} 所以者何_오
밀　　이시명자　여당봉지　　소이자하

須菩提_야 佛說般若波羅蜜_이 卽非般若波羅蜜
수 보 리　불설반야바라밀　즉비반야바라밀

_{일새} 是名般若波羅蜜_{이니라}
　　　시명반야바라밀

須菩提_야 於意云何_오 如來 有所說法不_아 須
수 보 리　어의운하　여래 유소설법부　수

菩提 白佛言_{하사되} 世尊_하 如來無所說_{이니이다} 須
보 리 백불언　　　세 존　여래무소설　　　수

菩提_야 於意云何_오 三千大千世界所有微塵_이
보 리　어의운하　삼천대천세계소유미진

是爲多不_아 須菩提言_{하사되} 甚多_{니이다} 世尊_하
시위다부　수보리언　　　심 다　　세 존

須菩提_야 諸微塵_을 如來說非微塵_{일새} 是名微
수 보 리　제미진　여래설비미진　시명미

塵_{이며} 如來說世界非世界_{일새} 是名世界_{니라} 須
진　　여래설세계비세계　시명세계　수

菩提_야 於意云何_오 可以三十二相_{으로} 見如來
보 리　어의운하　가이삼십이상　　견여래

不아 不也니이다 世尊하 不可以三十二相으로 得
부   불야   세존   불가이삼십이상   득

見如來니 何以故오 如來說三十二相은 卽是非
견여래   하이고   여래설삼십이상   즉시비

相일새 是名三十二相이니이다 須菩提야 若有善
상   시명삼십이상   수보리   약유선

男子善女人이 以恒河沙等身命으로 布施하는고
남자선여인   이항하사등신명   보시

若復有人이 於此經中에 乃至受持四句偈等하야
약부유인   어차경중   내지수지사구게등

爲他人說하면 其福이 甚多니이다
위타인설   기복   심다

離相寂滅分 第十四
이 상 적 멸 분 제 십 사

爾時에 須菩提聞說是經하시고 深解義趣하사 涕
이시   수보리문설시경   심해의취   체

淚悲泣하며 而白佛言하사되 希有 世尊하 佛說
루비읍   이백불언   희유 세존   불설

如是甚深經典은 我從昔來 所得慧眼으로 未曾
여시심심경전   아종석래 소득혜안   미증

得聞如是之經이니이다
득문여시지경

世尊하 若復有人이 得聞是經하고 信心淸淨하면
세존   약부유인   득문시경   신심청정

卽生實相하리니 當知是人은 成就第一希有功
즉생실상   당지시인   성취제일희유공

德이니 世尊하 是實相者는 卽是非相이니 是故로
덕   세존   시실상자   즉시비상   시고

如來說名實相이니이다
여래설명실상

世尊하 我今得聞如是經典하고 信解受持는 不
세존   아금득문여시경전   신해수지는 부

足爲難이어니와 若當來世後五百歲에 其有衆生이
족위난   약당내세후오백세   기유중생

得聞是經하고 信解受持하면 是人은 卽爲第一
득문시경   신해수지하면 시인은 즉위제일

希有니 何以故오 此人은 無我相하며 無人相
희유   하이고   차인은 무아상하며 무인상

하며 無衆生相하며 無壽者相이니 所以者何오 我
    무중생상하며 무수자상이니 소이자하오 아

相이 卽是非相이며 人相 衆生相 壽者相이
상   즉시비상이며 인상 중생상 수자상

卽是非相이라 何以故오 離一切諸相이 卽名諸
즉시비상이라 하이고   이일체제상이 즉명제

佛이니이다 佛이 告須菩提하사되 如是如是하다 若
불   불이 고수보리하사되 여시여시하다 약

復有人이 得聞是經하고 不驚不怖不畏하면 當
부유인이 득문시경하고 불경불포불외하면 당

知是人은 甚爲希有니 何以故오 須菩提야 如
지시인은 심위희유   하이고   수보리야 여

來說第一波羅蜜이 卽非第一波羅蜜일새 是名
래설제일바라밀이 즉비제일바라밀일새 시명

第一波羅蜜이니라
제일바라밀

須菩提_야
수 보 리

忍辱波羅蜜_도   如來說非忍辱波羅蜜_{일새}   是名
인 욕 바 라 밀   여 래 설 비 인 욕 바 라 밀   시 명

忍辱波羅蜜_{이니}   何以故_오   須菩提_야   如我昔爲
인 욕 바 라 밀   하 이 고   수 보 리   여 아 석 위

歌利王_에   割截身體_{할새}   我於爾時_에   無我相_{하며}
가 리 왕   할 절 신 체   아 어 이 시   무 아 상

無人相_{하며}   無衆生相_{하며}   無壽者相_{이니라}   何以
무 인 상   무 중 생 상   무 수 자 상   하 이

故_오   我於往昔 節節支解時_에   若有我相   人相
고   아 어 왕 석 절 절 지 해 시   약 유 아 상   인 상

衆生相 壽者相_{이면}   應生瞋恨_{이니라}
중 생 상 수 자 상   응 생 진 한

須菩提_야   又念過去於五百世_에   作忍辱仙人_{하야}
수 보 리   우 념 과 거 어 오 백 세   작 인 욕 선 인

於爾所世_에   無我相_{하며}   無人相_{하며}   無衆生相
어 이 소 세   무 아 상   무 인 상   무 중 생 상

_{하며}   無壽者相_{이니라}   是故_로   須菩提_야   菩薩_은   應
     무 수 자 상   시 고   수 보 리   보 살   응

離一切相_{하고}   發阿耨多羅三藐三菩提心_{이니}
리 일 체 상   발 아 뇩 다 라 삼 먁 삼 보 리 심

不應住色 生心_{하며}   不應住聲香味觸法生心_{이요}
불 응 주 색 생 심   불 응 주 성 향 미 촉 법 생 심

應生無所住心_{이니라}   若心有住_면   卽爲非住_{니라}
응 생 무 소 주 심   약 심 유 주   즉 위 비 주

是故_로   佛說菩薩_은   心不應住色布施_{라하나니라}
시 고   불 설 보 살   심 불 응 주 색 보 시

須菩提야 菩薩이 爲利益一切衆生하야 應如是
수보리 보살 위 이 익 일 체 중 생   응 여 시

布施니 如來說一切諸相이 卽是非相이며 又說
보시 여 래 설 일 체 제 상   즉 시 비 상   우 설

一切衆生이 卽非衆生이니라
일 체 중 생   즉 비 중 생

須菩提야 如來는 是眞語者며 實語者며 如語
수보리 여래는 시 진 어 자   실 어 자   여 어

者며 不誑語者며 不異語者니라 須菩提야 如來
자   불 광 어 자   불 이 어 자   수 보 리   여 래

所得法은 此法이 無實無虛하니라
소 득 법 은 차 법   무 실 무 허

須菩提야 若菩薩이 心住於法하야 而行布施하면
수보리 약 보 살   심 주 어 법   이 행 보 시

如人이 入闇에 卽無所見이요 若菩薩이 心不住
여 인   입 암   즉 무 소 견   약 보 살   심 부 주

法하야 而行布施하면 如人이 有目하야 日光明照에
법   이 행 보 시   여 인   유 목   일 광 명 조

見種種色이니라 須菩提야 當來之世에 若有善
견 종 종 색   수 보 리   당 래 지 세   약 유 선

男子善女人이 能於此經에 受持讀誦하면 卽爲
남 자 선 여 인   능 어 차 경   수 지 독 송   즉 위

如來 以佛智慧로 悉知是人하며 悉見是人하야
여 래 이 불 지 혜   실 지 시 인   실 견 시 인

皆得成就無量無邊功德하리라
개 득 성 취 무 량 무 변 공 덕

持經功德分 第十五
지경공덕분 제십오

須菩提야 若有 善男子善女人이 初日分에 以
수보리 약유 선남자선여인 초일분 이

恒河沙等身으로 布施하고 中日分에 復以恒河
항하사등신 보시 중일분 부이항하

沙等身으로 布施하고 後日分에 亦以恒河沙等
사등신 보시 후일분 역이항하사등

身으로 布施하야 如是無量百千萬億劫을 以身
신 보시 여시무량백천만억겁 이신

布施어든 若復有人이 聞此經典하고 信心不逆
보시 약부유인 문차경전 신심불역

하면 其福이 勝彼하리라 何況書寫受持讀誦하고
기복 승피 하황서사수지독송

爲人解說이리요 須菩提야 以要言之컨대 是經은
위인해설 수보리 이요언지 시경

有不可思議不可稱量無邊功德하나니 如來爲發
유불가사의불가칭량무변공덕 여래위발

大乘者說이며 爲發最上乘者說이니라 若有人이
대승자설 위발최상승자설 약유인

能受持讀誦하야 廣爲人說하면 如來가 悉知是
능수지독송 광위인설 여래 실지시

人하며 悉見是人하야 皆得成就 不可量 不可稱
인 실견시인 개득성취 불가량 불가칭

無有邊不可思議功德하리니 如是人等은 卽爲
무유변불가사의공덕 여시인등 즉위

荷擔如來 阿耨多羅三藐三菩提라 何以故오
하담여래 아뇩다라삼먁삼보리 하이고

須菩提야 若樂小法者는 着我見人見衆生見
수보리 약요소법자 착아견인견중생견

壽者見이라 即於此經에 不能聽受讀誦하야 爲
수자견 즉어차경 불능청수독송 위

人解說이니라 須菩提야 在在處處에 若有此經
인해설 수보리 재재처처 약유차경

하면 一切世間 天人 阿修羅의 所應供養이니
일체세간 천인 아수라 소응공양

當知此處는 即爲是塔이라 皆應恭敬하며 作禮
당지차처 즉위시탑 개응공경 작례

圍繞하고 以諸華香으로 而散其處하리라
위요 이제화향 이산기처

能淨業障分 第十六
능정업장분 제십육

復次須菩提야 善男子 善女人이 受持讀誦此
부차수보리 선남자 선여인 수지독송차

經하되 若爲人輕賤하면 是人은 先世罪業으로 應
경 약위인경천 시인 선세죄업 응

墮惡道언마는 以今世人이 輕賤故로 先世罪業이
타악도 이금세인 경천고 선세죄업

即爲消滅하고 當得阿耨多羅三藐三菩提니라
즉위소멸 당득아뇩다라삼먁삼보리

須菩提야 我念過去無量阿僧祇劫하니 於燃燈
수보리 아념과거무량아승지겁 어연등

佛前에 得値 八百四千萬億 那由他諸佛하야
불전 득치 팔백사천만억 나유타제불

悉皆供養承事_{하되} 無空過者_{니라} 若復有人_이
실 개 공 양 승 사　　무 공 과 자　　약 부 유 인

於後末世_에 能受持讀誦此經_{하면} 所得功德_이
어 후 말 세　　능 수 지 독 송 차 경　　소 득 공 덕

於我所供養諸佛功德_{으론} 百分不及一_{이며}
어 아 소 공 양 제 불 공 덕　　백 분 불 급 일

千萬億分_과 乃至算數譬喩_{로도} 所不能及_{이니라}
천 만 억 분　　내 지 산 수 비 유　　소 불 능 급

須菩提_야 若善男子善女人_이 於後末世_에 有受
수 보 리　　약 선 남 자 선 여 인　　어 후 말 세　　유 수

持讀誦此經_{하야} 所得功德_을 我若具說者_{인댄}
지 독 송 차 경　　소 득 공 덕　　아 약 구 설 자

或有人聞_{하고} 心卽狂亂_{하야} 狐疑不信_{하리니} 須
혹 유 인 문　　심 즉 광 난　　호 의 불 신　　수

菩提_야 當知_{하라} 是經_은 義_도 不可思議_며
보 리　　당 지　　시 경　　의 도　　불 가 사 의

果報_도 亦不可思議_{니라}
과 보　　역 불 가 사 의

究竟無我分 第十七
구 경 무 아 분　제 십 칠

爾時_에 須菩提 白佛言_{하되} 世尊_하 善男子 善
이 시　　수 보 리 백 불 언　　세 존 하　　선 남 자 선

女人_이 發阿耨多羅三藐三菩提心_{한 이는} 云何
여 인　　발 아 뇩 다 라 삼 먁 삼 보 리 심　　운 하

應住_며 云何降伏其心_{이니까} 佛告須菩提_{하사되}
응 주　　운 하 항 복 기 심　　불 고 수 보 리

若善男子善女人이 發阿耨多羅三藐三菩提心
약선남자선여인 발아뇩다라삼먁삼보리심

者는 當生如是心하되 我應滅度一切衆生하리니
자 당생여시심 아응멸도일체중생

滅度一切衆生已하야는 而無有一衆生도 實滅
멸도일체중생이 이무유일중생 실멸

度者니라 何以故오 須菩提야 若菩薩이 有我相
도자 하이고 수보리 약보살 유아상

人相 衆生相 壽者相이면 即非菩薩이니 所以者
인상 중생상 수자상 즉비보살 소이자

何오 須菩提야 實無有法하야 發阿耨多羅三藐
하 수보리 실무유법 발아뇩다라삼먁

三菩提心者니라 須菩提야 於意云何오 如來가
삼보리심자 수보리 어의운하 여래

於燃燈佛所에 有法得阿耨多羅三藐三菩提不아
어연등불소 유법득아뇩다라삼먁삼보리부

不也니이다 世尊하 如我解佛所說義로는 佛於燃
불야 세존 여아해불소설의 불어연

燈佛所에 無有法得阿耨多羅三藐三菩提니이다
등불소 무유법득아뇩다라삼먁삼보리

佛言하사되 如是如是니라 須菩提야 實無有法하야
불언 여시여시 수보리 실무유법

如來得阿耨多羅三藐三菩提니 須菩提야 若有
여래득아뇩다라삼먁삼보리 수보리 약유

法하야 如來得阿耨多羅三藐三菩提者인댄 燃
법 여래득아뇩다라삼먁삼보리자 연

燈佛이 即不與我授記하사되
등불 즉불여아수기

汝於來世_에 當得作佛_{하야} 號釋迦牟尼_{런마는} 以_이
여 어 내 세　　당 득 작 불　　　호 석 가 모 니　　　이

實無有 法_{하야} 得阿耨多羅三藐三菩提_{일새} 是_시
실 무 유 법　　득 아 뇩 다 라 삼 먁 삼 보 리　　시

故_로 燃燈佛_이 與我授記_{하사} 作是言_{하사되} 汝於_{여어}
고　　연 등 불　　여 아 수 기　　작 시 언　　여 어

來世_에 當得作佛_{하야} 號釋迦牟尼_{라하시니라} 何以_{하이}
내 세　　당 득 작 불　　　호 석 가 모 니　　　하 이

故_오 如來者_는 卽諸法如義_니 若有人_이 言如來_{언여래}
고　　여 래 자　즉 제 법 여 의　약 유 인　언 여 래

得阿耨多羅三藐三菩提_{라하면} 須菩提_야 實無有_{실무유}
득 아 뇩 다 라 삼 먁 삼 보 리　　수 보 리　실 무 유

法_{하야} 佛得阿耨多羅三藐三菩提_{니라}
법　　불 득 아 뇩 다 라 삼 먁 삼 보 리

須菩提_야 如來所得阿耨多羅三藐三菩提_는 於_어
수 보 리　여 래 소 득 아 뇩 다 라 삼 먁 삼 보 리　어

是中_에 無實無虛_{니라} 是故_로 如來說一切法_이
시 중　무 실 무 허　　시 고　여 래 설 일 체 법

皆是佛法_{이라하느니라} 須菩提_야 所言一切法者_는 卽_즉
개 시 불 법　　　수 보 리　소 언 일 체 법 자　즉

非一切法_{일새} 是故_로 名一切法_{이니} 須菩提_야
비 일 체 법　　시 고　명 일 체 법　　수 보 리

譬如人身長大_{니라} 須菩提言_{하되} 世尊_하 如來_{여래}
비 여 인 신 장 대　　수 보 리 언　　세 존　여 래

說人身長大_는 卽爲非大身_{일새} 是名大身_{이니이다}
설 인 신 장 대　즉 위 비 대 신　　시 명 대 신

須菩提_야 菩薩_도 亦如是_{하야} 若作是言_{하되} 我_아
수 보 리　보 살　역 여 시　　약 작 시 언　아

當滅度無量衆生 이라하면 卽不名菩薩 이니 何以故 오
당 멸 도 무 량 중 생   즉 불 명 보 살   하 이 고

須菩提 야 實無有法名爲菩薩 일새니라 是故 로 佛說
수 보 리   실 무 유 법 명 위 보 살   시 고   불 설

一切法 이 無我無人無衆生無壽者 라하니라 須菩
일 체 법   무 아 무 인 무 중 생 무 수 자   수 보

提 야 若菩薩 이 作是言 하되 我當莊嚴佛土 라하면
리   약 보 살   작 시 언   아 당 장 엄 불 토

是不名菩薩 이니라 何以故 오 如來說莊嚴佛土
시 불 명 보 살   하 이 고   여 래 설 장 엄 불 토

者 는 卽非莊嚴 이요 是名莊嚴 일새니라
자   즉 비 장 엄   시 명 장 엄

須菩提 야 若菩薩 이 通達無我法者 는 如來說名
수 보 리   약 보 살   통 달 무 아 법 자   여 래 설 명

眞是菩薩 이니라
진 시 보 살

一體同觀分 第十八
일 체 동 관 분 제 십 팔

須菩提 야 於意云何 오 如來有肉眼不 아
수 보 리   어 의 운 하   여 래 유 육 안 부

如是 니이다 世尊 하 如來有肉眼 이니다 須菩提 야
여 시   세 존   여 래 유 육 안   수 보 리

於意云何 오 如來有天眼不 아 如是 니이다
어 의 운 하   여 래 유 천 안 부   여 시

世尊 하 如來有天眼 이니이다 須菩提 야 於意云何 오
세 존   여 래 유 천 안   수 보 리   어 의 운 하

如來有慧眼不아 如是니이다
여래유혜안부 여시

世尊하 如來有慧眼이니이다 須菩提야 於意云何오
세존 여래유혜안 수보리 어의운하

如來有法眼不아 如是니이다 世尊이시여 如來有
여래유법안부 여시 세존 여래유

法眼이니이다 須菩提야 於意云何오 如來有佛眼
법안 수보리 어의운하 여래유불안

不아 如是니이다 世尊하 如來有佛眼이니이다 須菩
부 여시 세존 여래유불안 수보

提야 於意云何오 如恒河中所有沙를 佛說是沙
리 어의운하 여항하중소유사 불설시사

不아 如是니이다 世尊하 如來說是沙니이다 須菩
부 여시 세존 여래설시사 수보

提야 於意云何오 如一恒河中所有沙하야 有如
리 어의운하 여일항하중소유사 유여

是沙等恒河어든 是諸恒河所有沙數의 佛世界
시사등항하 시제항하소유사수 불세계

如是하면 寧爲多不아 甚多니이다 世尊하 佛告須
여시 영위다부 심다 세존 불고수

菩提하사되 爾所國土中에 所有衆生의 若干種
보리 이소국토중 소유중생 약간종

心을 如來悉知하나니 何以故오 如來說諸心은
심 여래실지 하이고 여래설제심

皆爲非心이요 是名爲心일새니 所以者何오 須菩
개위비심 시명위심 소이자하 수보

提야 過去心도 不可得이며 現在心도 不可得이며
리 과거심 불가득 현재심 불가득

未來心도 不可得일새니라
미래심   불가득

法界通化分 第十九
법계통화분 제십구

須菩提야 於意云何오 若有人이 滿三千大千世
수보리   어의운하   약유인   만삼천대천세

界七寶로 以用布施하면 是人이 以是因緣으로
계칠보   이용보시   시인   이시인연

得福多不아 如是니이다 世尊하 此人이 以是因
득복다부   여시   세존   차인   이시인

緣으로 得福이 甚多니이다 須菩提야 若福德이 有
연   득복   심다   수보리   약복덕   유

實인댄 如來不說得福德多언마는 以福德無故로
실   여래불설득복덕다   이복덕무고

如來說得福德多니라
여래설득복덕다

離色離相分 第二十
이색이상분 제이십

須菩提야 於意云何오 佛을 可以具足色身으로
수보리   어의운하   불   가이구족색신

見不아 不也이니다 世尊하 如來를 不應以具足
견부   불야   세존   여래   불응이구족

色身_{으로} 見_{이니이다} 何以故_오 如來說具足色身_이
색 신   견   하 이 고   여 래 설 구 족 색 신

卽非具足色身_{이요} 是名具足色身_{일새니이다}
즉 비 구 족 색 신   시 명 구 족 색 신

須菩提_야 於意云何_오 如來_를 可以具足諸相_{으로}
수 보 리   어 의 운 하 오   여 래 를   가 이 구 족 제 상

見不_아 不也_{니이다} 世尊_하 如來_를 不應以具足
견 부   불 야   세 존   여 래 를   불 응 이 구 족

諸相_{으로} 見_{이니이다}
제 상   견

何以故_오 如來說諸相具足_이 卽非具足_{이요} 是
하 이 고 오   여 래 설 제 상 구 족   즉 비 구 족   시

名諸相具足_{일새니이다}
명 제 상 구 족

非說所說分 第二十一
비 설 소 설 분 제 이 십 일

須菩提_야 汝勿謂如來作是念_{하되} 我當有所說
수 보 리   여 물 위 여 래 작 시 념   아 당 유 소 설

法_{이라하여} 莫作是念_{이니라}
법   막 작 시 념

何以故_오 若人_이 言_{하되} 如來有所說法_{이라하면}
하 이 고 오   약 인   언   여 래 유 소 설 법

卽爲謗佛_{이라} 不能解我所說故_{일새니라}
즉 위 방 불   불 능 해 아 소 설 고

須菩提_야 說法者_는 無法可說_{이니}
수 보 리   설 법 자   무 법 가 설

是名說法이니라
시 명 설 법

爾時에 慧命須菩提가 白佛言하사되 世尊하 頗
이 시 혜 명 수 보 리 백 불 언 세 존 파

有衆生이 於未來世에 聞說是法하고 生信心不
유 중 생 어 미 래 세 문 설 시 법 생 신 심 부

이까 佛言하사되 須菩提야 彼非衆生이며 非不衆生
불 언 수 보 리 피 비 중 생 비 불 중 생

이니 何以故오 須菩提야 衆生衆生者는 如來說
하 이 고 수 보 리 중 생 중 생 자 여 래 설

非衆生이요 是名衆生이니라
비 중 생 시 명 중 생

無法可得分 第二十二
무 법 가 득 분 제 이 십 이

須菩提가 白佛言하되 世尊하 佛이 得阿耨多羅
수 보 리 백 불 언 세 존 불 득 아 뇩 다 라

三藐三菩提는 爲無所得耶니이까
삼 먁 삼 보 리 위 무 소 득 야

佛言하사되 如是如是니라
불 언 여 시 여 시

須菩提야 我於阿耨多羅三藐三菩提에 乃至無
수 보 리 아 어 아 뇩 다 라 삼 먁 삼 보 리 내 지 무

有少法可得일새 是名阿耨多羅三藐三菩提니라
유 소 법 가 득 시 명 아 뇩 다 라 삼 먁 삼 보 리

淨心行善分 第二十三
정 심 행 선 분 제 이 십 삼

復次須菩提야 是法이 平等하야 無有高下일새
부 차 수 보 리 시 법 평 등 무 유 고 하

是名阿耨多羅三藐三菩提니 以無我 無人 無
시 명 아 녹 다 라 삼 약 삼 보 리 이 무 아 무 인 무

衆生 無壽者로 須一切善法하면 卽得阿耨多羅
중 생 무 수 자 수 일 체 선 법 즉 득 아 녹 다 라

三藐三菩提니라 須菩提야 所言善法者는 如來
삼 약 삼 보 리 수 보 리 소 언 선 법 자 여 래

說卽非善法일새 是名善法이니라
설 즉 비 선 법 시 명 선 법

福智無比分 第二十四
복 지 무 비 분 제 이 십 사

須菩提야 若三千大千世界中에 所有諸須彌山
수 보 리 약 삼 천 대 천 세 계 중 소 유 제 수 미 산

王의 如是等七寶聚를 有人이 持用布施어든 若
왕 여 시 등 칠 보 취 유 인 지 용 보 시 약

人이 以此般若波羅蜜經의 乃至四句偈等을 受
인 이 차 반 야 바 라 밀 경 내 지 사 구 게 등 수

持讀誦하야 爲他人說하면 於前福德으론 百分에
지 독 송 위 타 인 설 어 전 복 덕 백 분

不及一이며 百千萬億分과 乃至算數譬喩에
불 급 일 백 천 만 억 분 내 지 산 수 비 유

所不能及이니라
소 불 능 급

化無所化分 第二十五
화 무 소 화 분 제 이 십 오

須菩提야 於意云何오 汝等은 勿謂如來作是念
수 보 리   어 의 운 하   여 등   물 위 여 래 작 시 념

하되 我當度衆生이라하라 須菩提야 莫作是念이니
     아 당 도 중 생   수 보 리   막 작 시 념

何以故오 實無有衆生하야 如來度者니 若有衆
하 이 고   실 무 유 중 생   여 래 도 자   약 유 중

生하야 如來度者인댄 如來卽有我人衆生壽者
생   여 래 도 자   여 래 즉 유 아 인 중 생 수 자

일새니라 須菩提야 如來說有我者는 卽非有我어늘
        수 보 리   여 래 설 유 아 자   즉 비 유 아

而凡夫之人이 以爲有我니 須菩提야 凡夫者는
이 범 부 지 인   이 위 유 아   수 보 리   범 부 자

如來說卽非凡夫요 是名凡夫니라
여 래 설 즉 비 범 부   시 명 범 부

法身非相分 第二十六
법 신 비 상 분 제 이 십 육

須菩提야 於意云何오 可以三十二相으로 觀如
수 보 리   어 의 운 하   가 이 삼 십 이 상   관 여

來不_아 須菩提言_{하사되} 如是如是_{니이다} 以三十
래부 수보리언 여시여시 이삼십

二相_{으로} 觀如來_{니이다}
이상 관여래

佛言_{하사되} 須菩提_야 若以三十二相_{으로} 觀如來
불언 수보리 약이삼십이상 관여래

者_{언댄} 轉輪聖王_도 卽是如來_{니라}
자 전륜성왕 즉시여래

須菩提_가 白佛言_{하사되} 世尊_하 如我解佛所說義
수보리 백불언 세존 여아해불소설의

_{컨대} 不應以三十二相_{으로} 觀如來_{니이다}
불응이삼십이상 관여래

爾時_에 世尊_이 而說偈言_{하사되} 若以色見我 以
이시 세존 이설게언 약이색견아 이

音聲求我 是人行邪道 不能見如來
음성구아 시인행사도 불능견여래

無斷無滅分 第二十七
무단무멸분 제이십칠

須菩提_야 汝若作是念_{하되} 如來不以具足相故
수보리 여약작시념 여래불이구족상고

_로 得阿耨多羅三藐三菩提_아 須菩提_야 莫作是
득아뇩다라삼먁삼보리 수보리 막작시

念_{하라} 如來不以具足相故_로 得阿耨多羅三藐
념 여래불이구족상고 득아뇩다라삼먁

三菩提_{니라} 須菩提_야 汝若作是念_{하되}
삼보리 수보리 여약작시념

發阿耨多羅三藐三菩提心者는　說諸法斷滅가
발 아 뇩 다 라 삼 먁 삼 보 리 심 자　　설 제 법 단 멸

莫作是念하라
막 작 시 념

何以故오　發阿耨多羅三藐三菩提心者는
하 이 고　　발 아 뇩 다 라 삼 먁 삼 보 리 심 자

於法에　不說斷滅相일새니라
어 법　　불 설 단 멸 상

不受不貪分 第二十八
불 수 불 탐 분　제 이 십 팔

須菩提야　若菩薩이　以滿恒河沙等世界七寶로
수 보 리　　약 보 살　　이 만 항 하 사 등 세 계 칠 보

持用布施하고　若復有人이　知一切法無我하야　得
지 용 보 시　　약 부 유 인　　지 일 체 법 무 아　　득

成於忍하면　此菩薩이　勝前菩薩의　所得功德이니
성 어 인　　차 보 살　　승 전 보 살　　소 득 공 덕

何以故오　須菩提야　以諸菩薩이　不受福德故니라
하 이 고　　수 보 리　　이 제 보 살　　불 수 복 덕 고

須菩提가　白佛言하되　世尊하　云何菩薩이　不受
수 보 리　　백 불 언　　세 존　　운 하 보 살　　불 수

福德이니까　須菩提야　菩薩의　所作福德은　不應
복 덕　　　수 보 리　　보 살　　소 작 복 덕　　불 응

貪着일새　是故說不受福德이니라
탐 착　　시 고 설 불 수 복 덕

威儀寂靜分 第二十九
위 의 적 정 분 제 이 십 구

須菩提야 若有人이 言하되 如來 若來若去하며
수 보 리 약 유 인 언 여 래 약 래 약 거

若坐若臥라하면 是人은 不解我所說義니 何以
약 좌 약 와 시 인 은 불 해 아 소 설 의 하 이

故오 如來者는 無所從來며 亦無所去일새 故名
고 여 래 자 는 무 소 종 래 역 무 소 거 고 명

如來니라
여 래

一合理相分 第三十
일 합 이 상 분 제 삼 십

須菩提야 若善男子 善女人이 以三千大千世
수 보 리 약 선 남 자 선 여 인 이 삼 천 대 천 세

界를 碎爲微塵하면 於意云何오 是微塵衆이 寧
계 쇄 위 미 진 어 의 운 하 시 미 진 중 영

爲多不아 須菩提言하되 甚多이니다 世尊하 何以
위 다 부 수 보 리 언 심 다 세 존 하 이

故오 若是微塵衆이 實有者인댄 佛卽不說是微
고 약 시 미 진 중 실 유 자 불 즉 불 설 시 미

塵衆이니 所以者何오 佛說微塵衆은 卽非微塵
진 중 소 이 자 하 불 설 미 진 중 은 즉 비 미 진

衆일새 是名微塵衆이니이다
중 시 명 미 진 중

世尊_하 如來所說三千大千世界_는 卽非世界_{일세}
세존   여래소설삼천대천세계   즉비세계

是名世界_니 何以故_오 若世界_가 實有者_{인댄} 卽
시명세계   하이고   약세계   실유자   즉

是一合相_{이니} 如來說一合相_은 卽非一合相_{이요}
시일합상   여래설일합상   즉비일합상

是名一合相_{일새이다} 須菩提_야 一合相者_는 卽是不可
시명일합상   수보리   일합상자   즉시불가

說_{이언만} 但凡夫之人_이 貪着其事_{니라}
설   단범부지인   탐착기사

知見不生分 第三十一
지견불생분 제삼십일

須菩提_야 若人_이 言_{하되} 佛說我見人見衆生見
수보리   약인   언   불설아견인견중생견

壽者見_{이라하면} 須菩提_야 於意云何_오 是人_이 解
수자견   수보리   어의운하   시인   해

我所說義不_아 不也_{니이다} 世尊_하 是人不解如
아소설의부   불야   세존   시인불해여

來所說義_니 何以故_오 世尊_하 說我見 人見 衆
래소설의   하이고   세존   설아견 인견 중

生見 壽者見_은 卽非我見 人見 衆生見 壽者
생견 수자견   즉비아견 인견 중생견 수자

見_{이요} 是名我見 人見 衆生見 壽者見_{이니이다}
견   시명아견 인견 중생견 수자견

須菩提_야 發阿耨多羅三藐三菩提心者_는 於一
수보리   발아뇩다라삼먁삼보리심자   어일

切法_에 應如是知_{하며} 如是見_{하며} 如是信解_{하야}
체 법 　 응 여 시 지 　 여 시 견 　 여 시 신 해

不生法相_{이니} 須菩提_야 所言法相者_는 如來說
불 생 법 상 　 수 보 리 　 소 언 법 상 자 　 여 래 설

卽非法相_{이요} 是名法相_{이니라}
즉 비 법 상 　 시 명 법 상

應化非眞分 第三十二
응 화 비 진 분 　 제 삼 십 이

須菩提_야
수 보 리

若有人_이 以滿無量阿僧祇世界七寶_로 持用布
약 유 인 　 이 만 무 량 아 승 지 세 계 칠 보 　 지 용 보

施_{어든} 若有善男子 善女人_이 發菩薩心者 持於
시 　 약 유 선 남 자 선 여 인 　 발 보 살 심 자 지 어

此經_{하고} 乃至四句偈等_을 受持讀誦_{하야} 爲人
차 경 　 내 지 사 구 게 등 　 수 지 독 송 　 위 인

演說_{하면} 其福勝彼_{하리니} 云何爲人演說_고 不取
연 설 　 기 복 승 피 　 운 하 위 인 연 설 　 불 취

於相_{하야} 如如不動_인 何以故_오
어 상 　 여 여 부 동 　 하 이 고

一切有爲法 如夢幻泡影
일 체 유 위 법 여 몽 환 포 영

如露亦如電 應作如是觀
여 로 역 여 전 응 작 여 시 관

佛說是經已_{하시니}
불 설 시 경 이

長老須菩提 와 及諸比丘 比丘尼 와 優婆塞 優
장 로 수 보 리   급 제 비 구 비 구 니   우 바 새 우

婆夷 와 一切世間天人阿修羅 가 聞佛所說 하고
바 이   일 체 세 간 천 인 아 수 라   문 불 소 설

皆大歡喜 하야 信受奉行 하니라
개 대 환 희   신 수 봉 행

초판발행	1999. 5. 24
3판15쇄	2023. 11. 15

글	無一 우학 스님
교정	김갑수

펴낸곳	도서출판 좋은인연
	편집/ 김현미
	등록/ 제4-88호
	주소/ 대구시 남구 중앙대로 126
	전화/ 053.475.3707

ISBN	978-89-86829-42-6(03220)

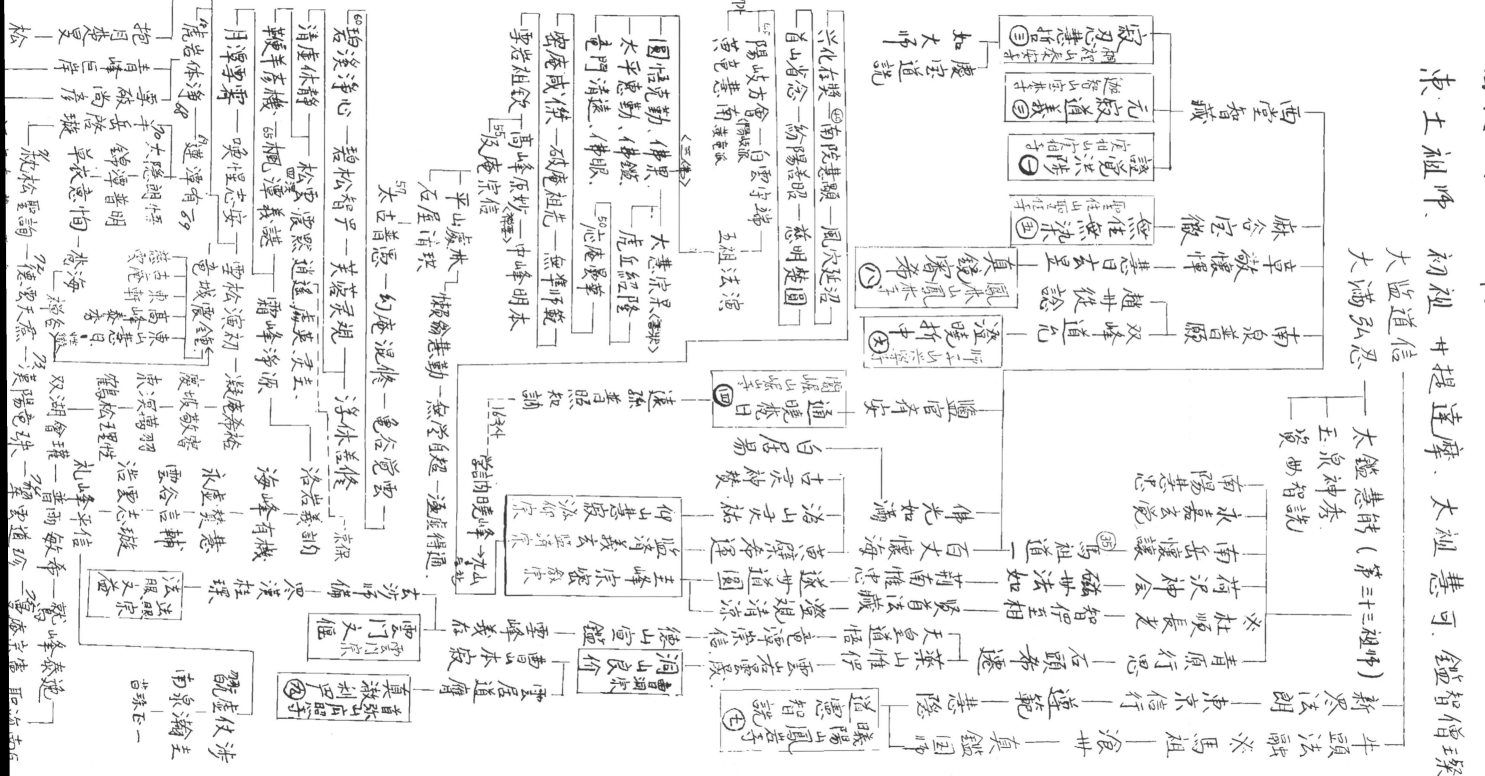